WACHAU 6

Weltkulturerbe rechts und links der Donau zwischen Melk und Krems. Mächtige Burgen wachen hier über die Landschaft

📷 *Tipp: Steig spät am Tag rauf zur Ruine Dürnstein, dann liegen das Städtchen und die Donau im magischen Licht der Abendsonne*

➤ S. 89, Niederösterreich, Wien & Burgenland

SCHÖNBRUNN 7

Wiens Rokokoschloss samt prächtigem Park und Zoo entführt in die glanzvollste Zeit der Monarchie

📷 *Tipp: Spar nicht an der Ausrüstung im Tagesgepäck. In Schloss und Park warten 1001 Motive fürs Weitwinkel wie fürs Makro*

➤ S. 95, Niederösterreich, Wien & Burgenland

NATIONALPARK NEUSIEDLER SEE/SEEWINKEL 8

Steppensee am östlichen Rand der Alpenrepublik mit großer Artenvielfalt – Birdwatching macht hier riesigen Spaß

📷 *Tipp: Ein ordentliches Teleobjektiv bringt die gefiederten Models erst so richtig zur Geltung*

➤ S. 101, Niederösterreich, Wien & Burgenland

GRAZ 9

Die perfekte Stadt für einen Citytrip: sehenswert und charmant, spannend und entspannend

📷 *Tipp: Die stimmungsvollsten Fotos vom Häusermeer der Altstadt machst du früh am Morgen vom Schlossberg aus*

➤ S. 110, Steiermark & Kärnten

GROSSGLOCKNER HOCHALPENSTRASSE 10

In spekakulären Kurven bringt dich die Mautstraße ins Hochgebirge bis an den Fuß des Pasterzengletschers

➤ S. 123, Steiermark & Kärnten

INHALT

NIEDERÖSTERREICH, WIEN & BURGENLAND
OBERÖSTERREICH & SALZBURG
TIROL & VORARLBERG
STEIERMARK & KÄRNTEN

Besuch planen

Essen/Trinken

€-€€€ Preiskategorien
Shoppen

(*) Kostenpflichtige Telefonnummer
Ausgehen

(A2) Herausnehmbare Faltkarte
(a2) Zusatzkarte auf der Faltkarte
(0) Außerhalb des Faltkartenausschnitts

BESSER PLANEN MEHR ERLEBEN!

Digitale Extras
go.marcopolo.de/app/oes

MARCO POLO

DIGITALE EXTRAS

Werde Teil unserer Reise-Community und folge uns auf **Instagram** und **Facebook!**

DIGITAL NOCH MEHR ERLEBEN

1. Website besuchen
2. Die digitale Welt von MARCO POLO entdecken
3. App runterladen und ab in den Urlaub

Alle Infos zum digitalen Angebot unter **marcopolo.de/app**

DAS BESTE ZUERST

Die Neustattalm am Dachstein – einmal Fototapetenidyll in echt, bitte!

ÖST ERRE ICH

INSIDER-TIPP
Deine Abkürzung ins Erleben!

Reisen mit MARCO POLO Insider-Tipps

MARCO POLO TOP-HIGHLIGHTS

BREGENZERWALD ★1
Holzarchitektur von der Tür bis zum Dach, Käseköstlichkeiten von der Alm bis ins Tal

➤ S. 47, Tirol & Vorarlberg

RAFTING AUF DER ISEL ★2
Den Mutigen gehört die Welt: Das Raftingboot bahnt sich seinen Weg durch die wild aufschäumenden Wassermassen

➤ S. 58, Tirol & Vorarlberg

KRIMMLER WASSERFÄLLE ★3
380 m stürzen die Fälle in die Tiefe. Geh näher ran und spür es donnern und beben (Foto)
Tipp: Mit den Verschlusszeiten spielen – kurze frieren die Tropfen ein, lange Zeiten lassen das Wasser weich und fließend erscheinen

➤ S. 66, Oberösterreich & Salzburg

WERFEN ★4
Auf und ab: Von der auf einem Felsen thronenden Festung Hohenwerfen geht's tief in den Berg, in die größte Eishöhle der Welt

➤ S. 72, Oberösterreich & Salzburg

MURAL HARBOR ★5
Außergewöhnliche Gemäldegalerie im Industriehafen von Linz: 300 überdimensionale Graffiti sind open air zu bestaunen

➤ S. 77, Oberösterreich & Salzburg

BEST OF BEI REGEN

SCHÖN, AUCH WENN ES REGNET

REIN IN DIE GUMMISTIEFEL

Die ungewöhnliche Moorlandschaft der *Blockheide Gmünd* bekommt bei regnerischem Wetter eine ganz besonders mystische Stimmung. Da unterstreicht der Regen eher die Atmosphäre, als dass er sie zunichtemacht

➤ S. 86, Niederösterreich, Wien & Burgenland

WEISSES GOLD

Unter Tage zu gehen, ist bei Schönwetter fast ein wenig schade, macht bei schlechtem Wetter aber Spaß: der Besuch eines Salzbergwerks, z. B. in *Hallstatt* oder *Altaussee*. Danach kommt dir die Außentemperatur garantiert gemütlich vor

➤ S. 75, Oberösterreich & Salzburg
➤ S. 108, Steiermark & Kärnten

ES WERDE LICHT

Lass dich in Wattens in den *Swarovski-Kristallwelten* des Künstlers André Heller von Licht und Klängen bezaubern. Da erlebst du an einem trüben Tag eine helle, strahlende, funkelnde Welt (Foto)

➤ S. 53, Tirol & Vorarlberg

AUS DEM GLASHAUS SCHAUEN

Im wohlig-warmen Wasser zu entspannen, ist an sich schon ein absoluter Genuss. Intensiviert wird das Erlebnis, wenn du beobachtest, wie vor den riesigen Panoramascheiben des *Tauernspa* in Kaprun das Unwetter in den Bergen tobt

➤ S. 66, Oberösterreich & Salzburg

RUBENS UND DINOSAURIER

Angesichts der riiiiiesigen Sammlungen des *Kunst-* und des *Naturhistorischen Museums* in Wien wünscht man sich geradezu einen Regentag, um sich dem Ganzen in Muße widmen zu können. Eigentlich zwei: für jedes Museum einen

➤ S. 93, Niederösterreich, Wien & Burgenland

REIN INS KUNSTWERK!

Wer Österreichs Kunstschätze bestaunen möchte, zahlt meist ordentlich Eintritt, so ab 10 Euro aufwärts. Die Gartenkunst aber darf man in den Schlossparks von *Salzburg-Hellbrunn* sowie von *Schönbrunn* und *Belvedere* in Wien ganz kostenlos bewundern

➤ S. 69, Oberösterreich & Salzburg
➤ S. 95, Niederösterreich, Wien & Burgenland

WUNDERWERK DER TECHNIK

Bei einem kostenlosen Besuch im *Wasserkraftwerk Glockner-Kaprun* siehst du von einer Galerie aus, wie das Kraftwerk funktioniert, und erfährst in einer interaktiven Ausstellung das Wichtigste zur Stromerzeugung (Foto)

➤ S. 67, Oberösterreich & Salzburg

BADESPASS MIT AUSSICHT

Ein Freibadbesuch kostet pro Nase mindestens 4 Euro. Im *Strandbad Obertraun* am Hallstätter See oder in der *Wachau* direkt an der Donau ist nicht nur die Kulisse schön – hier badet ihr auch gratis

➤ S. 76, Oberösterreich & Salzburg
➤ S. 89, Niederösterreich, Wien & Burgenland

FESTIVALGENUSS

Ein Tagespass für ein Open-Air kostet normalerweise an die 50 Euro. Ende Juni beim Wiener *Donauinselfest* performen rund 2000 Künstler aller Genres – Rock, Pop, Indie, Hip-Hop, Electro, Volksmusik, Kabarett – auf 20 verschiedenen Bühnen. Bei freiem Eintritt!

➤ S. 98, Niederösterreich, Wien & Burgenland

CARDMANIA

In einigen Regionen schenkt man dir, wenn du in einem Partnerbetrieb übernachtest, zum Aufenthalt eine *Regionen-Card*. Mit der sparst du dir sämtliche Eintritte und Bergbahnfahrten, die ansonsten schnell ins Geld gehen

➤ S. 137, Gut zu wissen

BEST OF

MIT KINDERN

SPANNENDES FÜR GROSS & KLEIN

TIERISCHES VERGNÜGEN

Im *Alpenwildpark* am Pfänder in Bregenz bekommt ihr Tiere ganz nah zu Gesicht, die sich in der freien Natur nur von Weitem zeigen: Steinböcke, Gämsen, Hirsche oder Murmeltiere etwa. Im Innsbrucker *Alpenzoo* fühlen sich darüber hinaus bei uns bereits ausgestorbene Tierarten wie Wisent oder Elch wohl

➤ S. 46 und 49, Tirol & Vorarlberg

GEISTERBAHN UND KARUSSELL

Oder auch „Turbo Booster" und „Space Shot": Im Wiener *Prater* gibt's für jedes Alter die richtige Attraktion – da werden selbst Erwachsene wieder zu Kindern

➤ S. 95, Niederösterreich, Wien & Burgenland

DIE GROSSE WELT IM KLEINEN

Für ein paar Stunden wird der Nachwuchs hier zum Riesen und geht gleich auch noch auf Weltreise in Siebenmeilenstiefeln: Die schönsten Bauwerke rund um den Globus sind im *Minimundus* in Klagenfurt als Modelle aufgestellt

➤ S. 118, Steiermark & Kärnten

OHNE HANDY UND INTERNET

Wie es sich in der Jungsteinzeit lebte, finden deine Kids im rekonstruierten *Ötzidorf* in Umhausen heraus – und sie lernen auch gleich ein paar urtümliche Fellgenossen wie Przewalskipferde und Auerochsen kennen (Foto)

S. 52, Tirol & Vorarlberg

PFERDETRÄUME

Mit wehenden Mähnen galoppieren junge Pferde über grüne Weiden – das lässt Kinderherzen höherschlagen und beflügelt die Phantasie: Da selbst mal drauf sitzen ... Die Pferde in der *Lipizzanerwelt Piber* sind zu Höherem bestimmt, sie machen nämlich später Karriere in der Spanischen Hofreitschule in Wien

➤ S. 115, Steiermark & Kärnten

BEST OF

TYPISCH

DAS ERLEBST DU NUR HIER

TRACHTENSHOPPING
Egal, ob du ein komplettes Outfit suchst – Dirndl für die Dame, Lederhose mit Joppe oder Trachtenanzug für den Herrn – oder bloß deine Garderobe mit Schmuck oder Tüchern ein wenig alpenländisch aufpeppen möchtest: In den *Gassen von Bad Aussee* wirst du garantiert fündig
➤ S. 109, Steiermark & Kärnten

WEIN ALS RUNDUMERLEBNIS
Der Osten des Landes ist international bekannt für seine Spitzenweine. In der architektonisch sehr gelungenen, modernen Weinerlebniswelt *Loisium* in Langenlois kann man sich in die Materie vertiefen
➤ S. 88, Niederösterreich, Wien & Burgenland

URBANES WOHNZIMMER
Österreich ist mehr als überholte Klischees! Das junge, moderne und inzwischen typische Lebensgefühl spürst du im Innenhof des Wiener *Museumsquartiers,* wo nicht nur Sofas zum Chillen einladen, sondern auch immer wieder (kostenlose) Veranstaltungen zum Abfeiern (Foto)
➤ S. 94, Niederösterreich, Wien & Burgenland

KRÄUTERMILCH UND BERGKÄSE
In den Alpen hat Käseherstellung eine lange Tradition. Besonders gepflegt wird diese im Bregenzerwald, der auch weithin für seine würzigen Bergkäsespezialitäten bekannt ist – die *Käsestraße* führt zu Kuh und Alm
➤ S. 47, Tirol & Vorarlberg

GEMALTES LAND
Im türkisgrünen Wasser spiegeln sich die Berge, die Ufer sind gesäumt von dichten Wäldern und Holzhausdörfern, die aus der Zeit gefallen scheinen. So schön sind die Alpen abseits vom Massenrummel am *Weissensee*
➤ S. 122, Steiermark & Kärnten

SO TICKT ÖSTER-REICH

Tracht? Na klar! Nicht nur die Kärntner hier tragen gern Alpenstil

ENTDECKE ÖSTERREICH

Die Wiener Dächer sind eine Pracht – also am Graben nicht nur auf die Pestsäule gucken

Österreich ist eine Art riesige Kulturschatzkiste – mit ganz viel grüner Natur darin. Oder halt umgekehrt, ein Naturjuwel gespickt mit kulturellen Glanzlichtern. Hier das barocke Stift mitten im Alpen-Nationalpark, da das Kunstmuseum am idyllischen See, dort das mittelalterliche Marktstädtchen umringt von Wäldern. Langweilig wird einem hier nie.

ULRAUB IM GEMÜTLICHEN SCHLENDRIAN

Diese Vielfalt auf kurzen Wegen sorgt für einen extrem abwechslungsreichen Urlaub. Zwischen Kunstgenuss und Outdoorvergnügen liegt oft nur eine Kurve (wenn überhaupt). So gibt's zwar unendlich viel zu erleben, aber keinen Grund zu hasten – lieber dazwischen mal gemütlich einkehren. Die Mentalität der Bewohner hilft dabei, alles in Ruhe zu genießen. Denn der Schlendrian der Öster-

996
Österreich wird als Ostarrichi erstmals urkundlich erwähnt

1282
Beginn der 600-jährigen Herrschaft der Habsburger

1529 und 1683
Wien wird von den Türken belagert, aber nicht erobert

1740
Thronfolge Maria Theresias

1848
Franz Joseph I. wird Kaiser

1914
Die Ermordung von Thronfolger Franz Ferdinand löst den Ersten Weltkrieg aus

1918/19
Ausruf der Ersten Republik

reicher, die sich nur äußerst ungern hetzen lassen, steckt an. Allerdings sind sie recht flott, wenn es darum geht, sich draußen zu bewegen. Und davon lassen sie sich auch nicht vom manchmal wankelmütigen Wetter abhalten. Schlechtes Wetter gibt es hier nicht, bloß unpassende Ausrüstung. Wer sich über Regen beschwert, erhält zwangsläufig zur Antwort, dass es ohne bei Weitem nicht so üppig grün wäre.

SCHROFFER WESTEN, FLACHER OSTEN

Mit der Bundeshauptstadt Wien sind es neun Bundesländer, die sich Österreich untereinander aufteilen. Zwischen Vorarlberg im Westen und dem Burgenland im Osten liegen zwar nur rund 560 km Luftlinie, doch die Unterschiede könnten kaum größer sein. Im kleinen Vorarlberg bestimmen Berge und Almen das Landschaftsbild, und der hiesige Dialekt wird sonst nur in der Schweiz verstanden. Bei einer Volksabstimmung 1919 hatte die überwältigende Mehrheit der Vorarlberger sogar für einen Beitritt zur Eidgenossenschaft gestimmt, doch dazu kam es nicht. Im nur unwesentlich größeren Burgenland hingegen dominieren die Ebene und der Einfluss Pannoniens. Hier war es andersrum: 1921 entschied man sich für einen Verbleib bei Österreich anstelle von Ungarn.

Nicht gefragt wurden die Tiroler. Mit der Neuordnung Europas nach dem Ersten Weltkrieg wurde der südliche Teil Italien zugesprochen, mit dem man sich nach wie vor stark verbunden fühlt. Das bei Österreich verbliebene Tirol teilt sich

1938 Besetzung Österreichs durch deutsche Truppen

1945 Nach dem Zweiten Weltkrieg wird das Land in vier Besatzungszonen aufgeteilt

1955 Österreich wird wieder ein souveräner Staat

1995 Österreich wird vollwertiges Mitglied der EU

2019 Die Ibiza-Affäre bringt die an der Regierung beteiligten Rechtspopulisten zu Sturz

2024 Bad Ischl ist Europäische Kulturhauptstadt

heute in Nord- und Osttirol, die keine gemeinsame Grenze haben. Beide Teile sind ganz vom Gebirge geprägt. Die höchsten Gipfel finden sich in den Hohen Tauern, einem Gebirgszug mit zahlreichen Dreitausendern, der sich auch nach Salzburg und ins seenreiche Kärnten erstreckt und der in seinem Kern als Nationalpark geschützt ist.

MEHR ALS DAS KLISCHEE

Wer an Österreich denkt, hat oft dieses Bild von Berggipfeln und Gletschern vor dem inneren Auge. Sie krönen zweifelsohne das Land, doch es gibt auch abseits davon herrliche Gegenden. In den drei großen Bundesländern am Ostrand des Alpenbogens – Niederösterreich, Oberösterreich und der Steiermark – ist lediglich das eine oder andere Eck alpin, der Rest überzeugt mit ungeahnter Vielfalt: Wälder, Weinberge, sanfte Mittelgebirgs- und Hügellandschaften, dunkle Moore, idyllische Seen und herrliche Flusstäler, allen voran das Land an der Donau. Besonders schön sind das Durchbruchstal der Wachau in Niederösterreich und der Nationalpark Donauauen, den sich Niederösterreich und Wien teilen.

„WASSERKOPF" WIEN

Wien, die ehemalige Donaumetropole, ist als Kulturstadt bekannt und eine strahlende, lebendige Schönheit. Sie ist die Bundeshauptstadt und gleichzeitig das kleinste sowie das bevölkerungsreichste Bundesland. Aufgrund dieser Fakten und der geographischen Lage innerhalb des Landes spricht man auch vom Wasserkopf: Je weiter in den Westen Österreichs man kommt, desto saurer stößt es auf, dass die wichtigen Entscheidungen in Wien getroffen werden. Was weiß man im „Wasserkopf" schon von den Nöten auf dem Land? Die Wiener tun ihr Übriges dazu, dass man ihnen mit Skepsis begegnet: Alles außerhalb der Stadtgrenze gilt als Provinz; wer sich mit seinem Dialekt in der Hauptstadt als vom Land kommend outet, wird despektierlich als „gschert" (grob, ungehobelt) bezeichnet.

MITTEN IN EUROPA

Obwohl die EU-Skepsis mittlerweile groß ist, hat Österreich stark vom EU-Beitritt und der anschließenden Osterweiterung profitiert, liegt man doch heute wieder mitten in Europa, statt nur am Rand. Außerdem fließt von den Zahlungen Österreichs an Brüssel ein großer Teil als Fördergelder wieder zurück. Diese wurden (und werden) dort investiert, wo sie vermutlich ohne den europäischen Umweg nie ankämen, etwa in Umweltprojekte oder in strukturschwache Regionen. Schlussendlich profitierst auch du als Urlaubsgast davon: Nicht wenige Euro wanderten in touristische Projekte, die einerseits abseits gelegenere Regionen (vor allem im Osten) aus dem Dornröschenschlaf holten, andererseits noch mehr spannende und dabei nachhaltige Erlebnisse in die Bergwelt bringen. Wie eingangs erwähnt: Langweilig wird dir in Österreich sicher nicht.

AUF EINEN BLICK

8,933 MIO.
Einwohner

Niedersachsen und Bremen zusammen: 8,703 Mio.

316 000
Rinder im Sommer auf den Almen

ebenso wie 114 000 Schafe, 10 000 Ziegen und 9000 Pferde

83 882 km²
Fläche

Bayern: 70 550 km²

HÖCHSTER BERG: GROSSGLOCKNER
3798 m

weitere 695 Gipfel über 3000 m

WALD

4,02 Mio. ha

also fast die Hälfte der Landesfläche

LÄNGSTER FLUSS:

DONAU

349 km in Österreich
Gesamtlänge: 2857 km

6 NATIONALPARKS

Neusiedler See/Seewinkel, Thayatal, Kalkalpen, Hohe Tauern, Gesäuse, Donauauen

7,2

Lebenszufriedenheit der Österreicher auf einer Skala von 0 bis 10 wie perfekt, OECD-Schnitt: 6,7

WIENER DONAUINSELFEST
größtes Musikfestival bei freiem Eintritt weltweit

WIENER ZEITUNG (SEIT 1703)
älteste noch bestehende Tageszeitung der Welt

ÖSTERREICH VERSTEHEN

HOLPRIGE TÖCHTER

Ursprünglich lautete eine Textzeile der österreichischen Bundeshymne „Heimat bist du großer Söhne". Das war zwar gedichtet von einer Frau, Paula von Preradovic, doch im neuen Jahrtausend ging das gendermäßig natürlich nicht mehr durch. Also entschloss man sich 2012, die anstößige Zeile politisch korrekt durch „Heimat großer Töchter und Söhne" zu ersetzen. Das gab (und gibt) Anlass zu allerlei mitunter hitzig geführten Diskussionen, denn man muss zugeben: Irgendwie holpert der neue Text beim Singen ...

ADRENALIN

Je steiler, desto geiler: Kletterrouten der allerhöchsten Schwierigkeitsstufe, Mountainbike-Downhill-Strecken mit 70 Prozent Gefälle, mit dem Board im freien Fall, mit den Wanderschuhen über exponierte Grate. Die Berge laden dazu ein, an die Grenzen zu gehen. Eine Herausforderung, der sich die Alpenbewohner gern stellen. Wer schon auf Skiern steht, bevor er richtig laufen kann, wer auf Berge kraxelt, bevor er weiß, was Höhenangst ist, hat dem Flachländer einiges voraus. Wer von Kindesbeinen an in den Bergen unterwegs ist, läuft noch als 70-Jähriger mühelos allen voran. Es gibt in Österreich eine große Community, die extrem sportlich unterwegs ist. Die Ehrgeizigsten unter ihnen treffen sich zum Kräftemessen in ihren Disziplinen bei – für Durchschnittsmenschen absolut wahnwitzigen – Contests. Etwa zur *Salzkammergut Mountainbike Trophy* (200 km über enge, glitschige, steinige, steile Waldwege), zum Kärntner *Ironman* (3,8 km schwimmen, 180 km Rad fahren, 42 km laufen), zur *Freeride World Tour* (mit Ski oder Board über den steilen Nordhang des Wildseeloder in Fieberbrunn/Tirol), zum *Gletscher Trailrun* im Ötztal oder zum *Ötscher-Ultra-Marathon*.

BAD FUCKING

Es war einmal ein kleiner Ort im Innviertel namens Fucking. Er wurde einfach so ausgesprochen wie geschrieben, der Name leitet sich vermutlich von einem früheren Grundherren namens Focko ab. Als sich Englisch immer weiter verbreitete, geriet Fucking ins Visier von Touristen, und die Ortstafeln wurden zur Sensation: Man ließ sich vor ihnen ablichten – wenn sie nicht gerade wieder mal gestohlen worden waren. Der Ort stand später Pate für die Krimigroteske „Bad Fucking" von Kurt Palm, die von Harald Sicheritz verfilmt wurde – und für dessen Titel Facebook jegliche Werbung verbot. Seit 2021 heißt der Ort auf Beschluss des Gemeinderats nun übrigens Fugging. Aber Österreich hat noch weitere skurrile Ortsnamen wie Kleinklein und Großklein, Edelschrott, Hühnergeschrei und Fleischessen.

ADRENALIN^2

Wo die Berge hoch sind, kann man tief fallen. Diesen Nervenkitzel lassen

Adrenalinkick garantiert: Beim Ziplining in den Bergen geht der Puls auf Höhenflug

sich die jungen Wilden – gut gesichert, versteht sich – nicht entgehen. Adrenalinjunkies hängen sich an Stahlseile und rasen mit über 100 km/h ins Tal, der Boden ist erst mehrere Hundert Meter darunter auszumachen. Die größte Zipline der Alpen befindet sich am Stoderzinken in Gröbming *(zipline.at)*, der Flying Fox in Leogang macht bis zu 130 Sachen *(fly-xxl.at)*, und der Mega-Flying-Fox in Saalbach-Hinterglemm überwindet gleich zwei Täler *(hochseilpark.at)*. Bungeejumpen ist ja so was von gestern.

FM4

Der Jugendradiosender des staatlichen österreichischen Rundfunks wird längst nicht nur von Teens gehört. Das liegt u. a. an der Musikauswahl: Bei FM4, das man von Südtirol bis Bayern (und im Netz sowieso weltweit) hören kann, steht die Musikszene abseits des Mainstreams im Fokus, und ganz speziell die heimische. Beim Reinhören wird schnell klar: Auch 300 Jahre nach Mozart ist Österreich ein Musikland – Josh, Bilderbuch, Clara Luzia, Wanda oder Bauchklang besounden die Welt mit coolen Grooves, fetten Beats und sphärischen Songs. Noch nie gehört? Dann mal FM4 aufdrehen!

BEACH & THE CITY

Der hippe Österreicher braucht kein Meer, um Strandfeeling zu erleben, er braucht noch nicht einmal zwingend Badewasser dazu – Sand für die Füße reicht schon, zumindest für den Alltag. Sandstrände mitten in den Städten sind nach wie vor der Hit. Bis weit in die Nacht hinein chillt man etwa am Donaukanal in Wien *(Tel Aviv Beach*

Hingucker-Architektur: die Talstation der Hungerburgbahn in Innsbruck

und *Strandbar Herrmann*, in Linz *(Sandburg* am Ufer der Donau) oder Graz *(Murbeach)*.

KÜHN KONSTRUIERT

Huch, das hat ja einen Knick – na, hoffentlich fällt's nicht um! 850 Jahre nach dem Schiefen Turm von Pisa ist die Architektur wieder in Schräglage geraten – wie am modernen Anbau des Wiener Gasometers. Nun ist das natürlich beabsichtigt, die neue Architektur spielt mit luftigen Konstruktionen und kühnen Formen. Coop Himmelb(l)au sind die heimischen Stars, darüber hinaus hat man Stararchitekten ins Land geholt wie Zaha Hadid, Sir Norman Foster oder Jean Nouvel, die vor allem der Wiener Skyline ihre Stempel aufgedrückt haben. Aber auch in kleineren Städten ist man auf den Geschmack gekommen: siehe Kunsthaus Graz, Linzer Ars Electronica Center, Innsbrucker Hungerburgbahn. Selbst private Bauherren auf dem Land finden Gefallen an der Postmoderne. Da kann es sein, dass ein grauer Kubus aus den Weinbergen ragt oder eine Berghütte hell und puristisch ausgestattet ist.

DONAUWALZER

Auf ihrem Weg vom Schwarzwald ins Schwarze Meer durchquert die Donau Österreich. Der westliche Teil des Landes ist vom Alpenhauptkamm und seinen Vorgebirgen geprägt – im Osten ist die Donau hingegen das bestimmende Element. Linz ist an ihrem Ufer als Industriestadt gewachsen, Wien zur Metropole aufgestiegen. Wasserkraftwerke sorgen für saubere Energie, die Flussschifffahrt ist ein wichtiger Wirtschaftsfaktor, und in den flachen Donaubecken, die weit ins Land reichen, floriert die Landwirtschaft. Auch freizeittechnisch lässt der große Strom wenig Wünsche offen. Jedes Jahr zu Silvester huldigt man ihm auf typisch Österreichisch, auch wenn man mit Tradition sonst wenig am Hut hat: Punkt Mitternacht dreht man sich zum Donauwalzer im Kreis.

GROSSGLOCKNER & CO

Die Alpen, Trinkwasserspeicher und Heimat von rund 5000 Pflanzen- sowie 30 000 Tierarten, sind umgeben von dicht besiedelten Ballungsräumen. Sie zählen neben der Karibik und dem Mittelmeer zu den wichtigsten Zentren des weltweiten Tourismus. Da geht es mitunter am Großglockner auch nicht viel anders zu als an der Costa Brava: An schönen Tagen bezwingen die Gipfelstürmer den Berg im Gänsemarsch. Immer neue Gästebetten, Straßen, Entertainmentangebote und Aufstiegshilfen bringen die Alpen, die schon jetzt das am dichtesten erschlossene Berggebiet der Welt sind, unter Druck. So werden Lebensräume für Flora und Fauna in einem ohnehin extremen Klima dezimiert. Andererseits ist der Tourismus auch der wirtschaftliche Strohhalm in Alpentälern, die sonst von den Einheimischen mangels Perspektive verlassen würden. Sanfter Tourismus, wie er etwa von den *Bergsteigerdörfern* angestrebt wird, gilt als die Zukunftshoffnung – hier lässt sich die Bergwelt weitab von Liftstützen erkunden (*bergsteigerdoerfer.at*).

DER-TIPP
hne großes ambazamba

KLISCHEE KISTE

IN DIRNDL UND LEDERHOSE

Der Trachtenlook boomt tatsächlich – gerade auch bei jüngeren Leuten. Zwar sind heute weniger die sonntäglichen Kirchgänge der Anlass, sich in Dirndl und Lederhose zu schmeißen, dafür ist Tracht hoch im Kurs bei Hochzeiten und Landfesten. Und in Wien lassen herbstliche Wiesn-Feste bei Trachtenmodeverkäufern die Kasse klingeln.

IMMER ZU SPÄT!

Kein Grund zur Panik, wenn das Date nicht zur verabredeten Zeit aufgetaucht ist. Ein wenig Spielraum gönnt man sich gerne, auf eine Viertelstunde mehr oder weniger kommt es nicht an. Lass dich also nicht stressen, im Gegenteil: Nimm es als Geschenk, wenn dich mal niemand hetzt.

KAFFEESÜCHTIG

Kaffee ist das Kultgetränk der Österreicher. Im Jahr genießt ein jeder im Durchschnitt 162 Liter. International liegt man mit einem Pro-Kopf-Verbrauch von jährlich 7,2 kg Kaffeebohnen auf dem vierten Platz. Die ersten Ränge gehen an Luxemburg, skandinavische Länder und die Niederlande. Allerdings: Dort trinkt man Filterkaffee, die Österreicher schwören dagegen auf starken Espresso.

LEBENSWERT

Großartige Grünanlagen, Freizeit- und Sportangebote, erstklassige Infrastruktur und medizinische Versorgung – das sind nur einige der Gründe, warum Wien seit 2009 ganz vorne im Ranking der lebenswertesten Städte der Welt platziert ist. Zwei solcher internationaler Ranglisten gibt es, ab 2018 gelang Wien das Kunststück, in beiden die Nummer eins zu sein. Konkurrenten wie Zürich, Melbourne, Auckland oder Vancouver werden stets auf die Plätze verwiesen.

SACKERL GEFÄLLIG?

Die Standardfrage in vielen Geschäften sorgt regelmäßig für fragende Blicke von zwar deutsch, aber nicht österreichisch sprechenden Kunden: „Ein WAS bitte schön?" Gemeint ist eine Tüte. Zahlreich und tückisch sind die möglichen Missverständnisse bei gleicher Sprache: Vegetarier können ruhig „Palatschinken" bestellen, so nennt man hier nämlich die Pfannkuchen. Ist man gut „ausgerastet", hat man nicht gerade alles kurz und klein geschlagen, sondern ein Nickerchen gemacht. Verkündet umgekehrt der Deutsche, den „Berg hinauf zu laufen", will das keiner glauben – in Österreich macht man das normalerweise im Gehen. Die hierzulande häufig verwendete Redewendung „das geht sich aus" wiederum meint, die Sache sei termingerecht machbar. Ob das dann auch stimmt, steht auf einem anderen Blatt, denn strenge Pünktlichkeit gehört nicht unbedingt zu den hervorragendsten Eigenschaften der Österreicher.

SKYWALKEN

Als ob der Ausblick von den höchsten Gipfeln nicht schon atemberaubend, der Weg hinauf nicht schon schwindelerregend genug wäre, setzt man gerne noch eins drauf: Spektakuläre Aussichtsplattformen und Hängebrücken erobern die Bergwelt. Sie bestechen

Laufsteg im Hochgebirge: Skywalk der Gipfelwelt 3000 am Kitzsteinhorn bei Zell am See

durch moderne Architektur und sagenhafte Panoramen. Im Dachsteinmassiv gibt's gleich mehrere: den Skywalk, die Treppe ins Nichts und die Hängebrücke am Hunerkogel sowie die 5fingers am Krippenstein auf der anderen Bergseite, wo man durch einen Glasboden 400 m tief in den Abgrund blickt. In Kärnten kann man sich am Airwalk an der Staumauer der Kölnbreinsperre der Höhenangst hingeben, ebenso in Tirol z.B. auf der schwankenden Hängebrücke 100 m über dem reißenden Fluss im Naturpark Lech oder auf der Aussichtsplattform Top of Tyrol am Stubaier Gletscher.

DOCH-NICHT-AKW

Stell dir vor, man baut für teures Geld ein Atomkraftwerk und nimmt es nie in Betrieb. So geschehen 1978 im niederösterreichischen Zwentendorf. Rund 1 Mrd. Euro hatte man investiert, die Brennstäbe waren geliefert – dann entschied in einer Volksbefragung eine knappe Mehrheit dagegen. Der politische Schock war groß, doch man hielt Wort, vergaß die Pläne und verabschiedete ein bis heute gültiges Anti-Atom-Gesetz. Das hat dem Land in Folge viel Ärger erspart und war zugleich die Geburtsstunde der Grünen. Das Doch-nicht-AKW steht noch immer, heute überragt es als Mahnmal ein Naturparadies: In seinem Schatten wurde ein Flussrenaturierungsprojekt abgeschlossen, das in den Dimensionen seinesgleichen sucht.

OPEN AIR

Im Sommer trägt man die Kultur am liebsten nach draußen und lässt sie unter freiem Himmel stattfinden. Gern sucht man sich dazu Locations mit dem gewissen Etwas. Die Palette reicht vom Renaissanceschloss Porcia (Komödienspiele) über den Schlosspark Eggenberg (Styriarte-Picknickkonzerte), die Burg Clam (Rock- und Popkonzerte) oder die Burg Golling (Musik, Lesungen) bis hin zur Bühne am dunklen Herrensee (Schrammelklang).

STARKE FRAU

Rate mal, wie viele Frauen weltweit schon alle 14 Achttausender dieser Erde bestiegen haben? Ganze vier! Und eine davon ist die Österreicherin Gerlinde Kaltenbrunner, die dabei als erste weibliche Bergsteigerin auch noch auf Sauerstoff verzichtet hat. Kaltenbrunner wurde 1970 in Oberösterreich geboren, begann mit 13 Jahren, im Fels zu klettern, und stand zehn Jahre später am Gipfel ihres ersten 8000ers – Österreichs Antwort auf den Südtiroler Reinhold Messner!

ESSEN SHOPPEN SPORT

Bunter Mix oder durchgestylt? In Wien findet jeder sein Lieblingskaffeehaus

ESSEN & TRINKEN

Mhmm, war das gut! Wenig schätzt der Österreicher mehr als eine rundum gelungene Mahlzeit. Gekocht wird gerne nach den Rezepten von der Oma, die man einer Verjüngungskur unterzogen hat – sie werden heute leichter interpretiert und lassen auch mal mediterrane oder asiatische Einflüsse erkennen. Derzeit auch hier ganz groß im Trend: vegetarische und vegane Küche.

KAISERLICHER GENUSS

Die österreichische Küche ist zu Recht weltbekannt, obwohl es sie so eigentlich gar nicht gibt – meist meint man damit die Wiener Küche, die sich von den regionalen, bäuerlich geprägten Küchen des Landes deutlich unterscheidet. Es ist die Küche der untergegangenen Habsburger Monarchie, die in sich viele Einflüsse aus dem Osten und Süden Europas vereint und die in der Reichshaupt- und Residenzstadt Wien zur k.u.k.-Küche perfektioniert wurde. Sie ist ein kulinarischer Flickenteppich und besteht aus Gerichten, die in allen Teilen der Monarchie gekocht wurden. Was gut war, schaffte den Weg nach Wien, und was besser war, hatte dort auch Bestand. So kamen das Gulasch aus Ungarn, die Mehlspeisen aus Böhmen, und das Wiener Schnitzel wurde den Mailändern abgeschaut.

SCHLEMMEN BEIM FASTEN

In der Wiener Küche dominieren Fleischgerichte, die mal raffiniert, mal deftig zubereitet werden. Vegetarier müssen dennoch nicht hungern, ihnen bieten sich auf der Mehlspeiskarte vor allem reichlich süße Alternativen zum Fleisch. Unter Mehlspeise versteht man heute alle Süßspeisen (auch die ohne Mehl), die den Abschluss einer ganzen Mahlzeit bilden –

So geht Schlemmerurlaub: deftige Speckjause hier (li.), süße Marillenknödel da (re.)

SIDER-TIPP
Gleich zum Dessert springen

aber die genauso gut als Hauptgang gegessen werden können. Schmarren, Strudel, Obstknödel, Schmalzgebäck, Buchteln und Palatschinken gehören zu den Klassikern, viele mit unverkennbar böhmischen Wurzeln. Dass die fleischlosen Speisen so variantenreich angeboten werden, liegt an den rigorosen Fastenvorschriften der katholischen Kirche, denen sich auch gekrönte Häupter beugen mussten: Vor einem Jahrhundert galten noch 148 Tage im Jahr als Fastentage.

BÄUERLICHE KÜCHE

Neben den Gerichten der Wiener Küche finden sich auf den Speisekarten in den Bundesländern zahlreiche regionale Spezialitäten, die bäuerlichen Ursprungs sind. Den Vorarlbergern sind die Käsknöpfle lieb, den Tirolern die Schlutzkrapfen (Maultaschen), den Salzburgern die Kasnocken, den Kärntnern die Kasnudeln und den Oberösterreichern die Knödel ganz allgemein. Auch hier fällt auf, dass bei vielen Spezialitäten am Fleisch gespart wird – das traditionellerweise nur am Sonntag als Braten auf den Tisch kommt. Außerdem hat sich der Brauch gehalten, das Fleisch durch suren (pökeln) und selchen (räuchern) zu konservieren – dadurch spielt der Speck auch in der heutigen Küche immer noch eine große Rolle.

ÖKOBEWUSST

Gekonnte Zubereitung und reichhaltige Portionen zeichnen die österreichische Küche aus. Darüber hinaus geht der Trend in Richtung perfekte Ausgangsprodukte, egal, ob man nach überlieferten oder zeitgemäß aufgefrischten Rezepten kocht. Regional, saisonal und biologisch heißen die Stichworte. Strukturbedingt zählt

Österreich zu den europäischen Vorreitern in Sachen Biolandwirtschaft – ein Viertel aller Anbauflächen wird biologisch bewirtschaftet. Das äußert sich für dich als Gast in ungeahnter Geschmacksqualität auf dem Teller. Vor allem Restaurants der gehobenen Kategorie setzen auf Biozutaten, vorzugsweise aus der Region und saisonal. Im ganzen Land wurden zudem sogenannte Genussregionen geschaffen, die jeweils ein Produkt in den Mittelpunkt stellen, etwa die Marille (Aprikose) in der Wachau, den Spargel im Marchfeld, das Mangalicaschwein im Südburgenland oder die Weidegans auf der Mühlviertler Alm. Wer sich, gegebenenfalls zur Erntezeit, in einer Genussregion aufhält, bekommt das Leitprodukt in allerlei Varianten kredenzt *(genussregionen.at)*.

UNAUFGEREGT LECKER

Es fällt auf, dass es in Österreich nur wenig Gourmettempel gibt, die über den grünen Klee gelobt werden. Die braucht es auch gar nicht, wer gehoben essen möchte, findet Feinschmeckerlokale in großer Dichte im ganzen Land – mit wenig Chichi, aber viel Charme. Wer einfach nur in netter Umgebung gut essen möchte, kann genauso gut in einem alteingesessenen Wirtshaus einkehren: Auf längere Zeit halten sich ja doch nur Lokale, bei denen Qualität und Ambiente passen, und da sind die Ansprüche hoch. Besonders empfehlenswert für einen Besuch sind die urigen Almhütten und Buschenschanken, die das auf den Tisch bringen, was in unmittelbarer Umgebung produziert wird.

Wer in der Stadt ebenso traditionell einkehren möchte, besucht das nächste Café, das neben Kaffee auch kleine Gerichte, hausgemachte Mehlspeisen und allenfalls Mittagsmenüs anbietet. Ausgehend von den Städten, allen voran Wien, sind hippe Lokale, die Café-Bar-Restaurant-Chill-out-Lounge in einem sind, im ganzen Land und oft an den unerwartetsten Ecken aufgepoppt. Ihre Köche experimentieren mit weltweiten Einflüssen, echte Ethnofoodlokale in nennenswerter Zahl gibt es dagegen nur in Wien.

GEGEN DEN DURST

Naturtrübe Fruchtsäfte und Obstmoste sowie oft quellfrisches Leitungswasser sind die genussvolle Alternative zu zuckrigen Softdrinks. Zur Begleitung eines gemütlichen Essens darf natürlich der passende Wein nicht fehlen. Außer in Niederösterreich und dem Burgenland wird Wein auch in der Steiermark und sogar in Wien angebaut. Der spritzige, pfeffrige, leichte Grüne Veltliner sowie der dunkelviolette, substanzreiche Zweigelt sind die beiden Hauptsorten.

Obwohl Österreich als Land der Weinkenner gilt, trinkt man doch dreimal so viel Bier. Das Salzburger Land wartet mit einer großen, von den Klöstern ausgehenden Biertradition auf, ebenso wie Tirol und Vorarlberg. In Oberösterreich und in Teilen Kärntens wird eher (Apfel-)Most getrunken, im niederösterreichischen Mostviertel hat der Birnenmost in den letzten Jahren ein Revival erlebt. Zum Abschluss eines üppigen Mahls dann noch das obligatorische Schnapserl – passt!

Unsere Empfehlung heute

Vorspeisen

KRÄFTIGE RINDSSUPPE
mit Leberknödel oder Frittaten (Eierkuchenstreifen)

MARINIERTER, FRISCHER SCHAFSKÄSE
mit Blattsalat und Tomaten

RINDSCARPACCIO
mit Cocktailtomaten, Rucola und Bergkäsespänen

Hauptgerichte

WIENER SCHNITZEL
klassisch vom Kalb, mit Erdäpfelsalat (Kartoffelsalat) oder Pommes frites

BACKHENDL
knusprig paniertes, zartes Hühnchen, serviert mit Vogerlsalat (Feldsalat)

SCHWEINSBRATEN
(Fr und Sa) aus dem Rohr mit hausgemachten Semmelknödeln und Sauerkraut

GEBRATENER SAIBLING
mit Petersilienkartoffeln und grünem Salat

Vegetarisches

KÄSESPÄTZLE
mit Bergkäse, serviert mit Blattsalaten

EIERSCHWAMMERLGULASCH
Pfifferlinge mit hausgemachten Semmelknödeln

HERZHAFTE KRAUTFLECKERL
mit grünem Salat mit Apfelessig und Kernöl

SALZBURGER NOCKERLN
nach Hausrezept flaumig gebacken

Desserts

MARILLENKNÖDEL
Quarkteigknödel gefüllt mit Aprikosen, bestreut mit gezuckerten Semmelbröseln

PALATSCHINKEN
dünner Pfannkuchen gefüllt mit Marmelade

KAISERSCHMARREN
mit Rosinen und Puderzucker, serviert mit Zwetschgenröster (Kompott)

APFELSTRUDEL
gefüllt mit einer Apfel-Nuss-Brösel-Rosinen-Mischung

SHOPPEN & STÖBERN

Wer vermeiden möchte, am Ende mit einem Souvenir „Made in China" dazustehen, greift zu handwerklich Hergestelltem, das es in Österreich in großer Vielfalt gibt: von kunsthandwerklicher Handarbeit bis zu biologisch-dynamisch produzierten Weinen. Am besten kauft man das direkt vor Ort – es lohnt sich, unterwegs nach einschlägigen Schildern und Läden Ausschau zu halten.

ALLWETTERLOOKS

Es gibt kein schlechtes Wetter ... sondern nur unpassende Ausrüstung. Weil man sich die Freude am Outdoorsport von der Witterung nicht nehmen lassen mag, gibt's eine riesige Palette an moderner Funktionskleidung, die dich immer schön trocken und angenehm temperiert hält. Das sieht meist auch ziemlich lässig aus. Sportliche Läden, vor allem in den Bergregionen, sind diesbezüglich bestens sortiert.

INSIDER-TIPP
Für echte Naturgeister

Österreichische Labels mit hohem Nachhaltigkeitsanspruch sind beispielsweise *Löffler, Northland, Martini Sportswear, Traunstein, Alpin Loacker* oder *Dachstein* (Schuhe).

GAUMENFREUDEN

Bäuerliche Produkte – Würste, Kürbiskernöl, Himbeeressig, Schlehdornbrand, Mohn, Marillenmarmelade, Birnenmost – werden landauf, landab entweder Ab-Hof, auf lokalen Bauernmärkten oder in oft sehr ansprechenden Bauernläden verkauft, die je nach Region nach Lebkuchen, würzigem Speck oder feinen Edelbränden duften. Als kleine Mitbringsel eignen sich süße Köstlichkeiten wie Mozartkugeln, Mannerschnitten, Zotter-Schoki oder die Kreationen von kleineren Confiserien und Schokoladenmanufakturen, die sich übers Land verteilen.

Wiener Originale: das Schneerieseln in der Kugel für jede Jahreszeit (re.)

SCHNEEFALL AUCH IM SOMMER

So kitschig, dass es schon wieder gut ist: Wahrzeichen Österreichs als Modelle in einer Schneekugel. Diese Souvenirs sind tatsächlich in Wien um 1900 patentiert worden, das Original trägt den Namen Perzy und ist garantiert handgemacht in der Donaumetropole.

DUFTE NATURKRAFT

Almen, Heuwiesen und üppige Bauerngärten zaubern dem Land herrlich duftende, lichte Flecken. Hunderte Kräuter wachsen hier, darunter auch viele heilkräftige Pflanzen wie Ringelblumen oder Arnika. Je nach Region und Höhenlage lassen sich daraus unterschiedliche Produkte kreieren – Kräutertees und Küchengewürze, Kosmetika und Salben, Öle, Essige und Liköre, Kissenfüllungen für den guten Schlaf und Saunaaufgüsse. Steck dein Näschen auf der Suche nach feinen Kräutern in Bauernläden und Reformhäuser und/oder schau nach der Marke *Sonnentor (sonnentor.com)*.

ALPENSCHICK

Ach ja, das Dirndl – so einen raffinierten, femininen Schnitt zu erfinden, ist der Traum vieler Modemacher. Weil es den aber schon lange gibt, nehmen sich ihm immer mehr Designer an. Das sieht dann so aus wie bei *ploom.at* oder *lenahoschek.com*. Du kannst deine Garderobe aber auch mit einzelnen Stücken alpenländisch aufbrezeln, etwa mit einer Trachtenbluse, einem Tuch oder Trachtenschmuck. Männer stöbern bei den Lederhosen, die in der knielangen Variante stramme Waden zeigen. Trachtenmode ist überall in den ländlichen Regionen zu finden, ganz besonders authentisch im Ausseer Land. In den Landeshauptstädten sind große Warenhäuser und Einkaufsmalls gute Fundgruben.

SPORT

Skispaß im Winter, Radfahren im Frühjahr, Raften im Sommer, Wandern im Herbst – jede Jahreszeit hat ihren sportlichen Reiz. Auch die Infrastruktur ist perfekt, schließlich nutzen die Österreicher ihre Natur genauso gern zum Sporteln. In den letzten Jahren immer beliebter geworden sind außerdem künstlich angelegte Hochseilklettergärten, Flying Foxes und Ziplines, die keine Vorkenntnisse verlangen und trotzdem Nervenkitzel versprechen.

BERGSTEIGEN & KLETTERN

Die besten Kletterer kommen am Dachstein, im Gesäuse und am Wilden Kaiser in Tirol auf ihre Kosten. Überhaupt finden sich vor allem in Westösterreich Tausende von Routen in allen Schwierigkeitsgraden *(climbers-paradise.com)*. Aber auch sonst herrscht kein Mangel an Kletterrouten, -steigen und -gärten; das Portal *bergsteigen.com* bietet eine detaillierte Übersicht. Lernen bzw. perfektionieren kannst du das Klettern bei fast allen Bergführern *(bergfuehrer.at)*, der Österreichische und der Deutsche Alpenverein bieten außerdem Kletterkurse zu festen Terminen an.

Kletterkünste sind natürlich auch bei vielen hochalpinen Gipfeltouren gefragt, oft sind unterwegs ausgesetzte Stellen und Grate zu überwinden. Als Wanderer solltest du dich vorher erkundigen, ob dein Weg solche Herausforderungen bereithält.

RADFAHREN & MOUNTAINBIKEN

Gemütlich einen Radweg in schöner Natur entlangfahren und dabei genussvolle Pausen einlegen – oder aber mit festem Tritt die Berge hochbiken und nach dem Panorama-Ausblick wieder über Stock und Stein abwärts

Wenn die Wand ruft: Diese Kletterin hat es ins Zillertal gelockt

brettern. In Österreich geht beides: Genussradler werden entlang der Flüsse Donau, Inn, Mur, Enns, Ybbs und Drau, im Salzkammergut oder um den Neusiedler See glücklich, wo vor allem Mehrtagestouren begeistern *(radtouren.at)*.

Die alpinen Zonen wiederum sind ein Eldorado für Mountainbiker; dort entstehen auch immer mehr spektakuläre Bikeparks. Zu den Vorzeigeregionen gehören Saalbach-Hinterglemm und Leogang-Saalfelden in Salzburg, Pyhrn-Priel und das Salzkammergut in Oberösterreich, Schladming-Dachstein in der Steiermark und nock/bike in Kärnten. Hier kannst du die Berge auf und ab radeln, die Bergbahnen benutzen, Räder leihen, Fahrtechnikkurse besuchen und dir in spektakulären Bikeparks und auf Pumptracks noch mehr Skills für draußen aneignen. Für alle, die mehr den Spaß als die Anstrengung im Visier haben: Fast alle dieser Strecken und Regionen verfügen auch über eine entsprechende E-Bike-Infrastruktur.

REITEN

Die österreichischen Wälder an den Ausläufern der Alpen bieten Reitern optimale Bedingungen. Wunderschön ist es auf der Mühlviertler Alm im Norden Oberösterreichs, dessen Hügel, Wiesen und Felder mit einem weitläufigen Netz an Reitwegen (700 km!) durchzogen sind. Auch rundherum ist man ganz auf die reitenden Gäste eingestellt: Knapp 30 Reiterhöfe stehen dir hier als Unterkunft zur Verfügung; entweder du genießt die langen Aus- und Wanderritte auf Leihpferden oder aber mit dem eigenen Pferd. *pferdereich.at*

WANDERN

Wer in Österreich vor die Tür tritt, steht so gut wie auf einem Wanderweg.

Die Frisur? Egal, Wildwasserrafting ist ein nasser Spaß

Manche Regionen haben sich zu Wander- oder Bergsteigerdörfern zusammengeschlossen *(wanderdoerfer.com | bergsteigerdoerfer.at)*, die dem gehwilligen Gast auch das entsprechende Drumherum wie Tourenservice oder Schuhtrockenraum bieten. Eine großartige Erfahrung ist ein Frühstück hoch oben in den Bergen nach einer Hüttennacht – allein schon deswegen lohnt sich der Zeitaufwand für eine zumindest zweitägige Bergtour. Zusatzvorteil: Du musst nicht an einem Tag sämtliche Höhenmeter rauf und wieder runter zurücklegen. Passionierte Tourengeher brechen sowieso gleich zu einer mehrtägigen Weitwanderung auf, auch hier ist das Angebot vielfältig. So führt etwa eine Verzweigung des wiederbelebten Jakobswegs, die allerdings bergerfahrenen Wanderern vorbehalten ist, durch Österreich und deckt sich streckenweise mit dem Tiroler Adlerweg *(adlerweg.com)*.

Weitere gute Ziele für mehrtägige Trekkings sind der Tiroler Lechweg *(lechweg.at)*, der Schladminger Tauern Höhenweg *(short.travel/oes3)*, die ziemlich schweißtreibende achttägige Dachsteinrunde *(dachstein rundwanderweg.at)*, der Karnische Höhenweg in Kärnten *(karnischerhoehenweg.com)*, der Berge-Seen-Trail im Salzkammergut *(trail.salzkam mergut.at)* oder der Almenwanderweg in Salzburg *(salzburger-almen weg.at)*. Ein besonderes Schmankerl

ist eine Hüttenwanderung im Nationalpark Hohe Tauern (siehe Erlebnistouren, S. 130). Beachte: Manche dieser Wege erfordern bergsteigerisches Können, auch wenn man sie als Wanderrouten bezeichnet – eine gründliche Vorabinformation und Planung ist unerlässlich.
Auch außeralpin kann man im Übrigen wunderbar wandern, eine der schönsten Weitwanderungen führt am Welterbesteig durch die Wachau *(welterbesteig.at)*.

WASSERSPORT

Klassischen Wassersport satt gibt's an den Seen im Salzkammergut und in Kärnten, am Bodensee und am Neusiedler See sowie abschnittsweise an der Donau. Windsurfen, Kiten, Segeln, Wasserski und Wakeboarding, Tauchen, Kanufahren und Stand-up-Paddling – hier kannst du aus dem Vollen schöpfen.
Ins wilde Wasser stürzt man sich mit dem Kanu oder Kajak in Wildalpen: Die steirische Salza ist der längste ganzjährig befahrbare, unverbaute Fluss in Mitteleuropa, und entsprechend anspruchsvoll bis traumhaft gestaltet sich die Paddeltour *(wildalpen.at)*.

Die Enns gilt ebenfalls als gutes Kajakrevier. Zwischen Mandling (Salzburg) und dem Gesäuse (Steiermark) lässt es sich zudem in fünf Etappen auf 90 km unglaublich erlebnisreich „flusswandern" *(ennsflusswandern.at)*.
Abentau am Eingang ins salzburgische Lammertal ist die Anlaufstelle für Rafting, Canyoning und Tubing *(abtenau-info.at)*. Ähnlich actionreich ist das Angebot im Ötztal *(oetztal.com)* sowie in Osttirol an der Isel *(osttirol.com)*. Über die Outdoor-Möglichkeiten in Vorarlberg informiert *outdoor-vorarlberg.at*.

WINTERSPORT

Ski- und Snowboardzirkusse mit allem Drum und Dran – dazu gehören neben jeder Menge präparierter Pisten häufig auch actionreiche Funparks – findest du überall in den österreichischen Alpen. Zu den größten Gebieten zählen das Montafon, der Arlberg, der Wilde Kaiser, der Skicircus Saalbach-Hinterglemm-Leogang-Fieberbrunn, Kitzbühel, Ischgl, das Gasteinertal, die Salzburger Sportwelt Ski amadé, Schladming und das Nassfeld.
Snowboarder und Freerider fühlen sich am Kreischberg bei Murau, am Arlberg und in der Freesportarena Dachstein-Krippenstein besonders wohl. Ruhe suchende Skitourengeher zieht es nach Osttirol.
Familien, denen die Megaskigebiete zu unübersichtlich und zu hektisch (und auch zu teuer) sind, finden zahlreiche kleinere Skigebiete wie im Lungau, auf der Riesneralm oder am Feuerkogel.
Auch Langlaufen steht im Winter hoch im Kurs. Das Zentrum für Skater sowie klassische Langläufer und überhaupt nordischen Skisport liegt in der steirischen Ramsau *(ramsau.com)*, ein zweites ist in den letzten Jahren im Böhmerwald entstanden *(boehmerwald.at)*.

DIE REGIONEN IM ÜBERBLICK
Kultur mit Mozart und Wasserlandschaften zum Verlieben
OBERÖSTERREICH & SALZBURG S. 60
TIROL & VORARLBERG S. 40
Starke Erlebnisse zwischen schroffen Gipfeln und stillen Bergseen
Donau
Neckar
Isar
Inn
Chiemsee
Starnberger See
Salzburg
Boden-see
Bregenz
LIECHTEN-STEIN
DEUTSCHLAND
Kitzbühel
Innsbruck
Zell am See
SCHWEIZ
Lienz
Isel
ITALIA
Adda
Lago di Como
Lago di Garda
Adige
Pia
Golfo di Venezia
50 km
31.08 mi

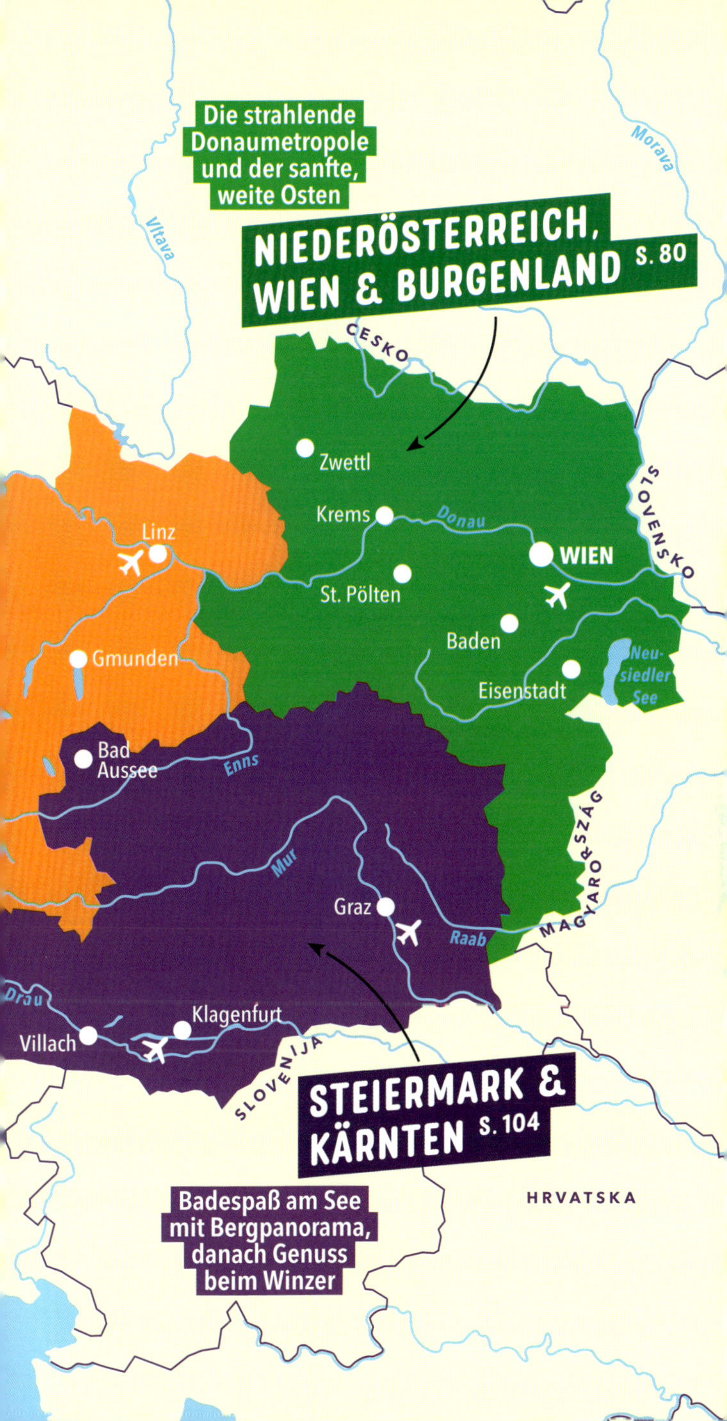

Die strahlende Donaumetropole und der sanfte, weite Osten
NIEDERÖSTERREICH, WIEN & BURGENLAND S. 80
Moravа
Vltava
CESKO
Zwettl
Krems
Donau
WIEN
SLOVENSKO
Linz
St. Pölten
Baden
Gmunden
Neusiedler See
Eisenstadt
Bad Aussee
Enns
MAGYARORSZÁG
Mur
Graz
Raab
Drau
Klagenfurt
Villach
SLOVENIJA
STEIERMARK & KÄRNTEN S. 104
HRVATSKA
Badespaß am See mit Bergpanorama, danach Genuss beim Winzer

TIROL & VORARLBERG

ÖSTERREICHS WILDER WESTEN

Schroffe Gipfel, enge Täler, stille Bergseen, reißende Flüsse: In Tirol sind die traumhaften Alpenlandschaften, die man sonst nur aus dem Fernsehen kennt, Realität. Wo hohe Berge aufragen, gibt es tiefe Täler. Die Seitentäler des Inns sind Ausgangspunkt für Ski- und Boardspaß im Winter, Wandern, Klettern und Radfahren im Sommer. Wer keine Action, sondern Ruhe sucht, zieht sich in die Osttiroler Täler zurück. Nähere Informationen zu dieser Region findest du im MARCO POLO Band „Tirol".

Nicht nur für Kids: eine Schaukelpartie im Tiroler Stubaital

Westlich des Arlberg-Passes liegt Vorarlberg, das nach Wien kleinste österreichische Bundesland (2600 km²). Es gehört zum alemannischen Sprach- und Kulturraum, deshalb versteht der Rest von Österreich nur Bahnhof, wenn der Vorarlberger Dialekt spricht. Auch sonst ist vieles hier ein bisschen anders – so stellt man sich im „Ländle" mit Handwerk, Design und Almwirtschaft selbstbewusst gegen die Landflucht. Es überrascht mit großer Vielseitigkeit, von der hochalpinen Gebirgsgruppe Silvretta bis zum nahezu mediterranen Bodensee.

TIROL & VORARLBERG

MARCO POLO HIGHLIGHTS

★ **OBERSTADT MIT MARTINSTURM**
Mittelalterliches Gassengewirr innerhalb der alten Stadtmauern von Bregenz mit tollem Blick über Stadt und See ➤ S. 44

★ **BREGENZERWALD**
Alt trifft Neu, Holz trifft Glas trifft Stein – und dazu gibt's allerfeinsten Käse ➤ S. 47

★ **GOLDENES DACHL**
Innsbrucks Wahrzeichen trägt 2657 feuervergoldete Kupferschindeln ➤ S. 48

★ **BERGISEL STADION**
In doppeltem Sinn etwas fürs Auge: ultramoderne Sprungschanze mit sagenhaftem Innsbruck-Blick ➤ S. 50

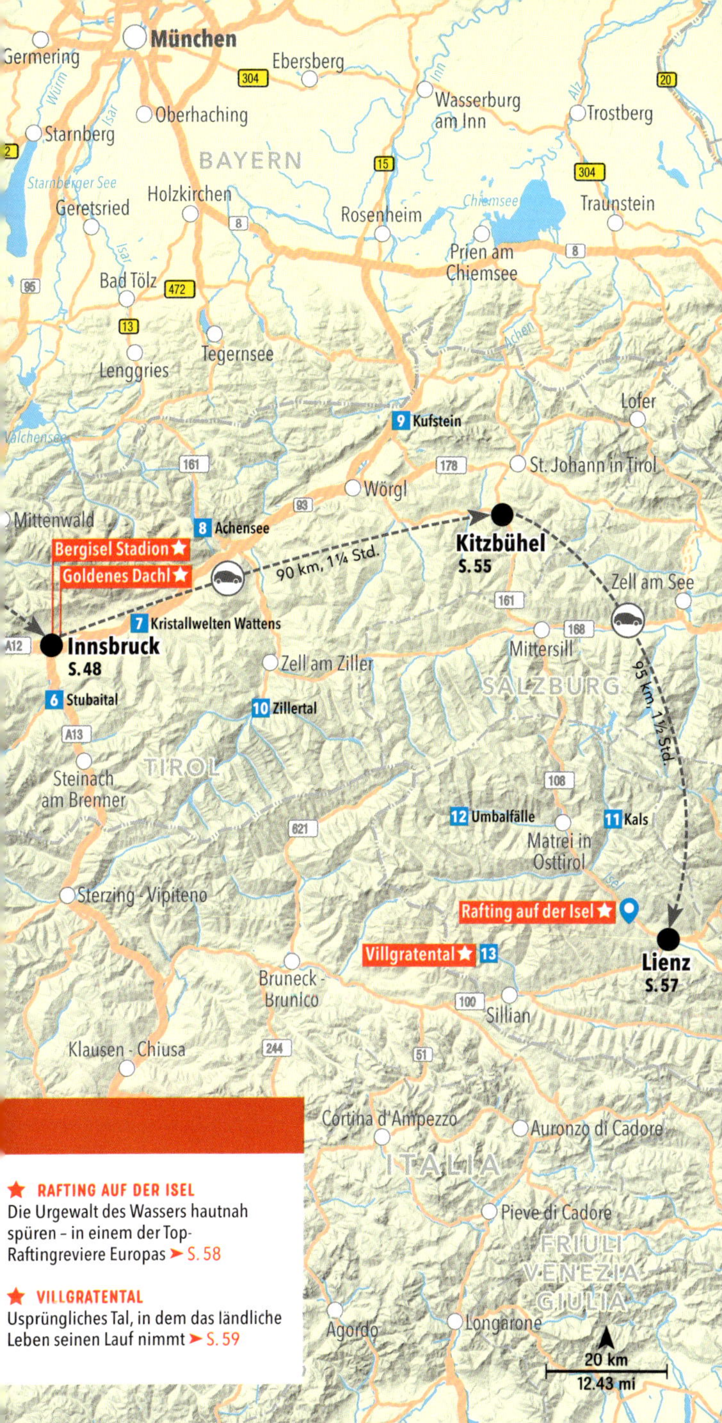

München
Germering
Ebersberg
304
Inn
Wasserburg am Inn
Alz
Trostberg
20
Würm
Isar
Oberhaching
Starnberg
BAYERN
15
304
Starnberger See
Holzkirchen
Geretsried
Rosenheim
Chiemsee
Traunstein
8
Prien am Chiemsee
8
Isar
95
Bad Tölz
472
13
Tegernsee
Lenggries
Achen
Lofer
Walchensee
9 Kufstein
161
178
St. Johann in Tirol
Wörgl
93
Mittenwald
8 Achensee
Kitzbühel
S. 55
Bergisel Stadion
Goldenes Dachl
90 km, 1¼ Std.
Zell am See
161
7 Kristallwelten Wattens
168
Mittersill
A12
Innsbruck
S. 48
Zell am Ziller
SALZBURG
95 km, 1½ Std.
6 Stubaital
10 Zillertal
A13
TIROL
Steinach am Brenner
108
12 Umbalfälle
11 Kals
621
Matrei in Osttirol
Isel
Sterzing - Vipiteno
Rafting auf der Isel
Villgratental 13
Lienz
S. 57
Bruneck - Brunico
100
Sillian
Klausen - Chiusa
244
51
Cortina d'Ampezzo
Auronzo di Cadore
ITALIA
RAFTING AUF DER ISEL
Die Urgewalt des Wassers hautnah spüren – in einem der Top-Raftingreviere Europas ➤ S. 58
Pieve di Cadore
FRIULI VENEZIA GIULIA
VILLGRATENTAL
Usprüngliches Tal, in dem das ländliche Leben seinen Lauf nimmt ➤ S. 59
Agordo
Longarone
20 km
12.43 mi

Wasserstadt: Klar, dass es in Bregenz alle an die Promenade zieht

BREGENZ

(B5) **Die imposante Lage am Bodensee und die Festspiele mit der spektakulären Seebühne stellen die Stadt (29 300 Ew.) jeden Sommer ins Rampenlicht.**
Unten am Wasser liegt ein leicht maritimer Hauch in der Luft, in der Innenstadt dahinter ist man rasch wieder in den Alpen. Die neue Sachlichkeit der modernen Architektur von Kunsthaus und Vorarlberg Museum verbindet diese beiden Welten harmonisch.

SIGHTSEEING

OBERSTADT MIT MARTINSTURM ★

Über die kopfsteingepflasterte Maurachgasse und den steilen Stadtsteig gelangst du in die kleine, malerische Altstadt, die um 1250 an dieser Stelle von den Grafen von Montfort angelegt wurde. Die aus dem 13. bis 16. Jh. stammende Ringmauer ist noch weitestgehend erhalten, Zutritt verschafft das wappengeschmückte Alte Stadttor. Gleich daneben steht noch ein Wahrzeichen von Bregenz: der barocke *Martinsturm (Mai–Okt. Di–So 10–18 Uhr | Eintritt 4 Euro | martinsturm.at)*, dessen mit Holzschindeln gedeckte Turmzwiebel die größte Mitteleuropas ist. Zum Turm, der einen schönen Ausblick über die Stadt bietet, gibt es eine kleine Kapelle mit beachtenswerten gotischen Fresken. Diese wurden wahrscheinlich von schwäbischen Handwerkern im 14. Jh. geschaffen.

VORARLBERG MUSEUM ☂

Einblick in die Seele des „Ländles", wie man Vorarlberg auch nennt, gibt das Architekturpreis-gekrönte Museum, das sich mit der Vergangenheit ebenso auseinandersetzt wie mit der Gegenwart. Es dreht sich um „Vorarlberg als gewordener und werdender Kulturlandschaft", der Schwerpunkt liegt auf Archäologie, (Kunst-)Geschichte und Volkskunde. *Di–So 10–18, Do bis 20, Juli/Aug. auch Mo 10–18 Uhr | Eintritt 9 Euro | Kornmarktplatz 1 | vorarlbergmuseum.at | 2 Std.*

KUNSTHAUS BREGENZ

Als leuchtender Würfel macht sich das vom Schweizer Architekten Peter Zumthor geschaffene moderne Ausstellungshaus allabendlich zum Wahrzeichen von Bregenz. Gezeigt werden in dieser spektakulären Hülle tagsüber zeitgenössische Werke überwiegend von österreichischen Malern und Bildhauern. *Di–So 10–18, Do bis 20 Uhr | Eintritt 11 Euro | Karl-Tizian-Platz | kunsthaus-bregenz.at | 2 Std.*

ESSEN & TRINKEN

MILCHPILZ

Der Kiosk mit der Optik eines Fliegenpilzes ist ein Relikt aus der Wirtschaftswunderzeit: Damals schossen diese Dinger einer Allgäuer Molkerei überall aus dem Boden – der in Bregenz aus dem Jahr 1953 ist geblieben. Es ist ein wenig die Nostalgie, die Einheimische so gern hierherführt, aber viel mehr noch das Angebot aus belegten Brötchen und Milchshakes, das bis heute überzeugt. *April–Sept. tgl. bei Schönwetter 9–18 Uhr | Seestr. 2 (gegenüber Kunsthaus) | milchpilz.at | €*

WIRTSHAUS AM SEE

Seeblick unter Kastanien – so schön wie das Ambiente, so lecker sind die Speisen, die den Spagat zwischen innovativ und traditionell mühelos schaffen. Hier wird viel Wert auf regionale und biologische Zutaten gelegt. *Tgl. | Seepromenade 2 | Tel. 05574 4 22 10 | wirtshausamsee.at | €€*

SHOPPEN

Regionale bäuerliche Produkte und lokale Spezialitäten wie z. B. frischen Bodenseefisch findet man auf dem *Bauernmarkt in der Kaiserstraße (Di, Fr Vormittag)* sowie auf dem *Wochenmarkt am Kornmarkt (Di, Fr Vormittag)*. Etwas außerhalb der Altstadt gibt es in der *Wolford Boutique* sinnliche Lingerie des Bregenzer Traditionsunternehmens direkt ab Fabrik *(Wolfordstr. 1)*.

INSIDER-TIPP
Spitze für drunter

SPORT & SPASS

Spaziergänger, Jogger, Inlineskater und Radfahrer bewegen sich entlang des Sees. Zwischen Fischersteig und Festspielhaus gibt es einen Bootsverleih, am Strandweg ein riesengroßes Strandbad samt Sportwiese, Beachvolleyballfeldern, Bocciabahn, Boulderwand, Tischtennistischen, Surf- und SUP-Verleih. Besonders nostalgisch zeigt sich der Holzpfahlbau des ehemaligen Militärschwimmbads *Mili (Reichsstr., Höhe Kiosk)*.

Auf jeden Fall muss man einmal hoch zum Pfänder (1062 m) fahren – allein des tollen Ausblicks wegen! Wanderer schließen eine Tour an, zur Wahl stehen Themenpfade, Spaziergänge und ausgedehnte Runden. Kinder begeistert der *Alpenwildpark (ganzjährig tagsüber geöffnet | Eintritt frei)*, Radfahrer die Möglichkeit, 600 Höhenmeter durch die Bergfahrt mit der Pfänderbahn quasi geschenkt zu bekommen *(tgl. 8–19 Uhr | Berg- und Talfahrt 14,20 Euro, Fahrräder im Zeitraum 8–10 Uhr gratis | Steinbruchgasse 4 | pfaenderbahn.at)*.

Biken, Wandern, Durchatmen – im Montafon-Tal zwischen Alpengipfeln

FESTE

Die *Bregenzer Festspiele* sind aus der Stadt nicht wegzudenken. Jedes Jahr im Sommer wird auf der Seebühne eine Oper inszeniert. Die Aufführungen locken Klassikfans, die opulenten Bühnenbilder lassen das Publikum staunen. *bregenzerfestspiele.com*

AUSGEHEN & FEIERN

Zum Sonnenuntergang trifft man sich zu einem Cocktail in der *Fischersteg – Sunset Bar (Seepromenade | Facebook)* und zieht danach weiter, etwa ins hippe *LuSt (Inselstr. 8 | Facebook)* oder ins groovige *Neptun (Deuringerstr. 3 | Facebook)*, wo DJ- oder Livesounds die Nacht einläuten. Du kannst den Abend aber auch ganz privat gestalten und dein eigenes Grillgut auf eine der zahlreichen Feuerstellen direkt am See packen, die es etwa im Nahbereich der *Mili* gibt. Holzkohle nicht vergessen!

INSIDER-TIPP
Bei Grillengezirp brutzeln

RUND UM BREGENZ

1 ROLLS-ROYCE-MUSEUM

16 km von Bregenz entfernt, 25 Min. mit dem Auto

Edle Luxuskarrossen stehen hier in Reih und Glied: der Paradewagen von Queen Mum neben den Tourenwagen von englischen Königen, das Fahrzeug von Lawrence von Arabien neben dem von Diktator Franco. *Mai–Sept. tgl. 10–17, Okt.–April Di–So 10–16 Uhr | Eintritt 11 Euro | Gütle 10 | Dornbirn | rolls-royce-automobilmuseum.at | 1 Std. | B5*

2 BREGENZERWALD ★

30 km von Bregenz bis Andelsbuch, 30 Min. mit dem Auto

Weiden und Wiesen durchsetzen eine herrliche Waldlandschaft, die zwar in Bergspitzen jenseits der 2000-Meter-Marke gipfelt, aber dennoch eher von sanftem Charakter ist. Typisch ist die Holzarchitektur, die den üppig blumengeschmückten Dörfern heimeliges Flair verleiht. Trotzdem geht es hier nicht verschnarcht zu, wie die vielen kühnen Glas-Stahl-Stein-Konstruktionen beweisen, die kontrastreich zwischen den alten Bauten stehen. Mit dieser Offenheit für Neues hat man es geschafft, sich selbst treu zu bleiben und dennoch mit der Zeit zu gehen. Tipp: Besuch das *Werkraumhaus* in Andelsbuch *(Di–Fr 10–18, Sa bis 16 Uhr | Eintritt 7,50 Euro | werkraum.at | 1 Std.)*, einen Ausstellungsraum für heimisches Handwerk und Design.

Unter dem Namen „Umgang" haben zwölf Orte Themenwege gestaltet, die mit Infosäulen bestückt sind – hier nimmt man dich zu den schönsten und interessantesten Plätzen sozusagen an die Hand und zeigt dir lokale Besonderheiten. Gourmets erkunden den Bregenzerwald entlang der *Käsestraße (kaesestrasse.at)*, die Besichtigungen bäuerlicher Betriebe, Verkostungen edler Produkte und bunte Veranstaltungen rund um Kuh und Käse bietet.

INSIDER-TIPP
Mutprobe: in den Seilen hängen

Damit es nicht zu beschaulich wird: Der *Aqua Hochseilgarten* bei Schwarzenberg ist der größte in Vorarlberg und einer der schönsten überhaupt. Er überspannt die Schlucht der türkisgrünen Bregenzerache *(Juli/Aug. tgl. 10–17 Uhr, Mai/Juni, Sept./Okt. tgl. auf Anfrage | Anmeldung erforderlich: Tel. 0676 7837878 | Eintritt 35 Euro | Bersbuch 349 | aktivzentrum.at). bregenzerwald.at | B–C5*

3 MONTAFON

60 km von Bregenz bis St. Anton im Montafon, 1 Std. mit dem Auto

Das über 30 km lange Tal zwischen Bludenz und Partenen ist eine der weitläufigsten Wander- und Skiregionen in den Alpen, eingebettet zwischen der Silvrettagruppe im Süden, dem Verwall im Nordosten und dem Rätikon im Nordwesten. Zahlreiche Bergbahnen bringen Gäste in luftige Höhen – so ersparst du dir den mühsamen Aufstieg ins Hochgebirge und kannst gemütlich loswandern; den Atem raubt die Landschaft.

Ein Panoramablick auf den Piz Buin, mit 3312 m der höchste Berg Vorarlbergs, bietet sich am Silvretta-Stausee, zu dem eine 23 km lange Bergstraße führt – hier ist eindeutig der Weg auch gleich das Ziel *(silvretta-bielerhoehe.at)*. Wer keine Höhenangst hat, klettert auf der Staumauer und kann dazwischen auf einer Sitzbank die

Aussicht genießen *(nur für Geübte | Schnuppern und Kurse bei den lokalen Bergführern | montafon-bergfuehrer.at).* Natürlich kannst du hier oben auch ordentlich Wandern, wie auch sonst überall im Montafon.

Mountainbiker werden in der Region ebenfalls Spaß haben. Und wer wenig Kondition mitbringt, leiht sich ein passendes E-Bike; von 70 Touren sind 25 auch gut fürs E-Biken geeignet, etwa die *Panoramatour Bartholomäberg-Kristberg (17,2 km | 536 Höhenmeter | Start/Ziel Bartholomäberg Sportplatz)* mit herrlichen Aussichten. *montafon.at | 🕮 B6*

INNSBRUCK

(🕮 F6) **Die Berge haben den zweimaligen Austragungsort der Olympischen Winterspiele fest im Griff. Patscherkofel und Nordkette gehören zum Stadtbild, das Karwendelgebirge im Norden sowie die Stubaier und Tuxer Alpen im Süden runden die Kulisse ab.**

WOHIN ZUERST?

Fahr zur **Triumphpforte** am Anfang der Maria-Theresien-Straße (z. B. Tram 3, Stadtbusse F, R) und geh von dort aus Richtung Norden. Bald schon erreichst du die Fußgängerzone, genießt einen herrlichen Blick auf das Goldene Dachl und die gleich darüber auf 2000 m aufragende Nordkette.

In spannendem Kontrast dazu stehen die stolzen Bürgerhäuser mit reich verzierten Fassaden, die beschaulichen Laubengänge und verwinkelten Gassen in der Fußgängerzone rund um das Goldene Dachl. Die Nähe zu Italien ist deutlich spürbar. Das Stadtrecht wurde Innsbruck um 1200 verliehen, Tirols Hauptstadt ist es seit 1849. Heute leben in der Universitäts- und Kongressstadt rund 131 000 Menschen, die zum Großteil in Dienstleistungs- und Hightech-Unternehmen arbeiten.

SIGHTSEEING

GOLDENES DACHL ★

Der wohl bekannteste Erker der Welt, der 1500 fertiggestellt wurde, ist mit 2657 feuervergoldeten Kupferschindeln gedeckt. Wer einen Blick vom Prunkerker werfen möchte, muss das Museum besuchen, das Kaiser Maximilian und seiner spätmittelalterlichen Zeit gewidmet ist. *Mai–Sept. tgl., Okt.–April Di–So 10–17 Uhr | Eintritt 5,20 Euro | Herzog-Friedrich-Str. 15*

HOFKIRCHE

28 überlebensgroße Bronzestatuen – im Volksmund „schwarze Mander" (Männer) genannt – bewachen das Kenotaph (das leere Grab) Kaiser Maximilians, dessen sterbliche Hülle in Wiener Neustadt bestattet ist. Die dunklen Statuen sind schwer beeindruckend. Die *Silberne Kapelle* birgt die marmornen Wandnischengräber von Erzherzog Ferdinand II. und seiner ersten Gemahlin Philippine Welser. *Mo–Sa 9–17, So 12.30–17 Uhr | Eintritt 8 Euro | Universitätsstr. 2 | ⏲ 45 Min.*

Eine Glanzleistung vollbringen die goldenen Schindeln des Innsbrucker Wahrzeichens

ALPENZOO

Die 2000 artgerecht gehaltenen Tiere kommen alle aus dem europäischen Alpenraum, auch wenn sie zum Teil heute hier nicht mehr beheimatet sind – wie Elch oder Wisent. Der Alpenzoo betreibt erfolgreiche Nachzucht- und Wiederansiedelungsprojekte. Darüber hinaus ist ein Schaubauernhof eingerichtet, der gefährdete Nutztierrassen aus der Region beherbergt. Schon die Anreise mit der Hungerburgbahn ist Teil des Erlebnisses: Die ultramoderne Standseilbahn wurde von Architektin Zaha Hadid geplant, die auch den Bergisel-Turm entwarf. *Tgl. 9–17, April–Okt. bis 18 Uhr | Eintritt 13 Euro, Kinder 6,50 Euro | Weiherburggasse 37a | Anfahrt mit der Hungerburgbahn ab Station Congress Innsbruck | alpenzoo.at | 2 Std.*

SCHLOSS AMBRAS

Von Erzherzog Ferdinand II. auf einem exponierten Felsen am Innsbrucker Stadtrand erbautes Renaissanceschloss. Seine Glanzpunkte sind neben der Porträtgalerie die Kunst-, Wunder- und Rüstkammern sowie der 43 m lange Spanische Saal. Einzigartig ist die manieristische Wunderkammer, eine enzyklopädische Universalsammlung, die das gesamte Wissen der damaligen Zeit vereint.

INSIDER-TIPP
Ein Lexikon in 3-D

Sacken lassen kannst du den ganzen Input bei einem Spaziergang: Auch der prachtvolle Schlosspark ist sehenswert. *Tgl. 10–17 Uhr, Nov. geschl. | Eintritt 16 Euro | Schlossstr. 20 | schlossambras-innsbruck.at | 2 Std.*

BERGISEL

Der Berg ist als Hauptschauplatz der Tiroler Freiheitskämpfe unter Andreas Hofer geschichtsträchtig. Das *Tirol Panorama (Mi–Mo 9–17 Uhr | Eintritt 9 Euro)*, ein Rundgemälde, zeigt eine 360-Grad-Sicht auf den Tiroler Freiheitskampf von 1809. Es liegt gleich neben der Attraktion, die der eigentliche Grund ist, den Bergisel zu besuchen: die von Zaha Hadid entworfene Sprungschanze im ★ *Bergisel Stadion* mit tollem Ausblick vom 250 m hohen Turm. Raumhohe Glasfronten im Sky-Restaurant (€€) machen die Einkehr zum Erlebnis. *Juni–Okt. tgl. 9–18, Nov.–Mai Mi–Mo 9–17 Uhr | Eintritt 11 Euro, Kombiticket mit Tirol Panorama 15 Euro | bergisel.info | ⏲ 3 Std.*

ESSEN & TRINKEN

AUIS

Kunterbunt zusammengewürfelt ist die Einrichtung – und auch die Karte: Saftige Steaks und luftige Pizzen, mexikanische Burritos und Thai Chicken Curry, Pasta und griechische Salate kommen hier auf die Tische. Flo und Jo, die beiden jungen Chefs vom Auis, servieren einfach das, was ihnen selbst am besten schmeckt. *Mo–Sa | Museumsstr. 24 | Tel. 0512 58 36 71 | auis.at | €€–€€€*

OLIVE

Vegetarisch-veganes Restaurant, in dem ausschließlich auf Frische und den echten Geschmack der Zutaten gesetzt wird. Industriearomen sind hier tabu. Sehr angenehmes Vintage-Bistro-Ambiente. *Mo–Sa | Leopoldstr. 36 | Tel. 0512 35 90 75 | restaurant-olive.at | €–€€*

SHOPPEN

MARIA-THERESIEN-STRASSE

Nicht nur die schönste Straße der Stadt mit dem besten Ausblick, sie bietet auch das größte Shoppingvergnügen. Das Kaufhaus *Tyrol (Nr. 31)* ist ein klassisches Warenhaus mit 100-jähriger Tradition, sein modernes Gegenstück bildet die elegante Shoppingmall *Rathausgalerien (Nr. 18)* mit einem 37 m hohen gläsernen Campanile – hier konzentriert sich das noble Innsbruck mit Markenstores, Haubenrestaurant und Designhotel.

Innsbruck eignet sich natürlich ideal dazu, das richtige ⚑ Outfit fürs Bergerlebnis zu kaufen. Im *Sportler Alpine Flagship Store (Nr. 39)*, dem größten Bergsporthaus Tirols, ist die Auswahl schier endlos – glücklicherweise wirst du hier von Sportsüchtigen intensiv beraten.

SPORT & SPASS

NORDKETTE

Nur kurz ist der Weg von der Stadt ins Gebirge – sommers wie winters fährt man einfach mit der Nordkettenbahn hoch *(ab Station Congress Innsbruck mit der Hungerburgbahn, von dort weiter mit den Panoramagondeln der Seegruben- und Hafelekarbahn; tgl. | Berg- und Talfahrt 42 Euro | Fahrzeit ab Zentrum 20 Min. | Renweg 3 | nordkette.com)*. Die Hafelekarbahn entlässt dich auf 2256 m Seehöhe, nach einer Viertelstunde Fußweg bist du an der Hafelekarspitze angekommen und genießt einen grandiosen Innsbruck-Blick.

Soweit zum Sightseeingprogramm des Nordkettenausflugs, jetzt geht's ans sportliche: Wer ausgiebig wandern möchte, nimmt den *Goetheweg,* der entlang der Grate im Naturpark Karwendel eine hochalpine Tour ohne nennenswerte Schwierigkeiten verspricht *(10 km | 5 Std. | hin und zurück auf dem gleichen Weg, alternativ Abstieg bis zur Hungerburg).*

Zu langweilig? Die Kletterarena auf der Nordkette besteht aus 40 Touren der Schwierigkeitsstufen 4–9. Ordentlich in die Waden geht die Treppe des *Seilbahnsteigs,* die auf 3,5 km 1000 Höhenmeter überwindet – von der Hungerburg rauf zur Seegrube. Weil sie bei Trailrunnern so beliebt ist, gibt es nun eine Zeitmessung.

Im Winter sorgen die Sprünge und Hindernisse im *Skylinepark* für gesträubte Nackenhaare oder die *Hafelekarrinne,* die mit 70 Prozent Gefälle zu den steilsten Skirouten Europas zählt. Außerdem wird hier auch Tandem-Paragleiten angeboten *(vorab zu buchen, z. B. bei happy-fly.at).*

Dort, wo du von der Seegruben- in die Hafelekarbahn umsteigst, wartet noch

IDER-TIPP
Fitness mit Frischluft

ein Work-out der besonderen Art auf dich: Mit unverstelltem Tiefblick auf Innsbruck kannst du dich in der *Mountain Base* bei Pilates, Yoga oder Zirkeltraining auspowern *(mountain-base.at).*

EISKANAL

Auch im Tal kann man sich in Innsbruck den Adrenalinkick holen: Im olympischen Eiskanal, der Bobbahn im Stadtteil Igls, fahren die Piloten mit den Gästen Schlitten, pardon, Bob. Die Beschleunigung ist nicht von schlechten Eltern! *Feste Termine im Winter, Juli/ Aug. Do, Fr 16 Uhr | olympiaworld.at*

Geht auch im Sommer: nachsehen, wie steil die Bergisel-Skisprungschanze ist

AUSGEHEN & FEIERN

Wie es sich für eine Stadt, in der viele Studenten leben, gehört, ist das Nachtleben hier fröhlich, abwechslungsreich und vergleichsweise günstig. Im Zentrum gibt es Lokale für jeden Geschmack, z. B. den Szenetreff *Café-*

Bar Moustache (Zugang: Badgasse | cafe-moustache.at), die Wein-, Whisky-, Cocktail- und Champagnerbar *Pfiffbar (Kaiserjägerstr. 2 | @pfiffbar_innsbruck)* oder eine exklusive Lounge, die *Adlers Bar (Brunecker Str. 1 | adlers-innsbruck.com)* mit der tollen Aussicht aus dem zwölften Stock.

RUND UM INNSBRUCK

4 NATURPARK TIROLER LECH

100 km ab Innsbruck bis Stanzach, 1¾ Std. mit dem Auto

Mit Getöse mäandert der türkisfarbene Lech durch sein 300 m breites Bett zwischen den Alpenzügen. Die meisten von uns kennen Flüsse ja nur als relativ gerade, ruhig dahinfließende Ströme –

steht man am Ufer des Lechs, wird man von der wilden Kraft eines ungezähmten Gebirgsflusses schier überwältigt. Unablässig ist er damit beschäftigt, Ufersäume abzutragen, Schotterbänke aufzuschütten und seine Auwälder neu zu gestalten. Bei einer Wanderung entlang des Lechs *(6,5 km | 2 Std.)* rauben nicht die wenigen Höhenmeter den Atem, sondern die Szenerie: Von der Bushaltestelle in Stanzach geht es über eine Bachbrücke und links Richtung Forchach, das auf fast ebenem Weg am Ufer kurz vor der Hängebrücke erreicht wird. Zurück gelangt man auf gleichem Weg oder mit dem Bus. *naturpark-tiroler-lech.at* | *D5*

5 ÖTZTAL

55 km ab Innsbruck bis Ötztal-Bahnhof, 40 Min. mit dem Auto

Das Ötztal ist das längste Seitental des Inns und wartet überall mit hervorragenden Wander- und Bikemöglichkeiten auf. Am Taleingang bieten sich zudem Rafting, Canyoning, Kajak- und Kanusport an, mehrere Outdoorfirmen sorgen hier für nasse Action, wie etwa *Feel Free (feelfree.at)* in Oetz. Oder du besuchst die *Outdoor Area 47 (Mai–Sept. tgl. | Ötztal-Bahnhof | area47.at)*, die das Adrenalin zusätzlich pusht, z. B. an den gigantischen Wasserrutschen, beim Bungeejumpen oder auf der Mega Swing.

Bei der Weiterfahrt führt man dich in Umhausen im *Ötzidorf (Mai–Okt. tgl. | Eintritt 10 Euro, Kinder 5 Euro | oetzi-dorf.at | 1½ Std.)* 5000 Jahre zurück in die Zeit des „Ötzis", dessen mumifzierte Leiche 1991 auf einem Gletscher über dem Talschluss gefunden wurde – eine archäologische Sensation.

Bald danach weitet sich das Ötztal bei Längenfeld, hier sprudeln heiße Schwefelquellen. Wo man sich bereits im 16. Jh. dem Bauernbad hingab, besucht man heute die moderne Therme *Aqua Dome (tgl. 9–23 Uhr | Eintritt 3 Std. ab 22 Euro | aqua-dome.at)*.

Der sportliche Hauptort Sölden (3000 Ew.) liegt auf 1377 m Seehöhe. Hier dreht sich von Oktober bis Mai alles um den Skisport, im Sommer geht es etwas ruhiger zu. Die bizarren Berglandschaften ringsum waren Kulisse für Daniel Craig alias James Bond, der 2014/15 in Sölden Szenen für „Spectre" drehte – dazu gibt es eine multimedia-

Ran an die Felswand: Kletterer haben im Ötztal die freie Auswahl

le Kinoinstallation auf über 3000 m im Inneren des *Gaislachkogls (Juni–Sept. und Nov.–April tgl. 9–16.30 Uhr | Eintritt 22 Euro, Kombiticket mit Berg- und Talfahrt 45 Euro | Bergstation Gaislachkoglbahn | 007elements.soelden.com | 1½ Std.). oetztal.com* | *D–E 6–7*

6 STUBAITAL

15 km von Innsbruck bis Schönberg im Stubaital, 15 Min. mit dem Auto

Steilwandige Dolomitstöcke rahmen die Fahrt ins 35 km lange Stubaital, das schon früh freien Blick auf den vergletscherten Talschluss bietet. Sportlich bewegt man sich hier im Rahmen des für Tirol Üblichen: Skispaß im Winter, Wandern, Bergsteigen, Klettern und Biken im Sommer. Zu den schönsten Naturschauplätzen gelangt man auf dem *Wilde-Wasser-Weg (wildewasserweg.at)*: Ausgeschilderte Etappen führen zu kraftvoll tosenden oder zart gurgelnden Bächen, zu Wasserfällen und Quellen.

Bergsportler trekken in acht Tagen von Hütte zu Hütte auf dem 80 km langen *Stubaier Höhenweg*. Etwas gemütlicher nähert man sich der Bergwelt, wenn man mit der Bahn aufs Kreuzjoch fährt, wo eine Aussichtsplattform, der Baumhausweg mit seinen „Zwergenwohnungen" und ein lustiges Wettrennen mit einer Holzscheibe auf dem Scheibenweg Jung und Alt begeistern *(Infos: schlick2000.at). stubai.at* | *E6*

7 KRISTALLWELTEN WATTENS

20 km von Innsbruck entfernt, 30 Min. mit dem Bus

Die von dem phantasievollen Multitalent André Heller geschaffenen *Swarovski-Kristallwelten (tgl. 9–19 Uhr | Eintritt 23 Euro | Kristallweltenstr. 1 | kristallwelten.com | 2½ Std.)* glei-

Sommer wie Winter – in Kitzbühel ist immer Saison

chen einer unterirdischen Symphonie aus Zauberwelt und Wunderkammern, Licht- und Klangdomen, Märchen und Fabeln. *Viermal tgl. Shuttlebus ab Innsbruck Hauptbahnhof oder Congress, ab 10.20 Uhr ca. alle 2 Std. | Ticket hin und zurück 10 Euro |* *F6*

8 ACHENSEE

50 km ab Innsbruck bis Maurach, 40 Min. mit dem Auto

Der größte See Tirols liegt auf 930 m Seehöhe und ist ein ideales Revier für Segler, Surfer und Kitesurfer: Leichter Südwind am Vor-, kräftiger Nordwind am Nachmittag fordern meist Kraft und Koordination. Etwas leichter geht die Sache beim SUP, dabei musst du bloß ein wenig geschickt sein. Leihausrüstung und Kurse bieten die lokalen Segel-, Surf- oder Kiteschulen, die es in allen Orten am See gibt, z. B. *learn2kite (learn2kite.at)* in Maurach. Baden lässt es sich hier auch wunderbar; die Ufer sind frei zugänglich, und es gibt eine Reihe an Strandbädern. Allerdings ist das smaragdgrün schimmernde Wasser meist recht kalt. Wer daher lieber an Land bleibt, dem stehen Wandern, Mountainbiken oder Klettern im schroffen Karwendel- und vielfältigen Rofanmassiv zur Wahl. Halb trocken bleibt man beim Canyoning und Rafting in den wilden Gewässern ringsum. Auch in die Luft kannst du hier gehen: beim Paragleiten oder Ballonfahren. *achensee.info* | *F5*

KITZBÜHEL

(H5) **Als Austragungsort des weltberühmten Hahnenkammrennens ist Kitzbühel (8300 Ew.) zumindest jedem Skifan bekannt.** Das herausgeputzte Städtchen zwischen Wildem Kaiser und Kitzbüheler Alpen zeigt sich das ganze Jahr über stets von der besten Seite, gibt sich hier doch die Prominenz die Klinke in die Hand. Besonders zum Hahnenkammrennen heißt es sehen und gesehen werden. Ein wenig gemächlicher geht es im Sommer zu, wenn man den Golfschläger schwingt und sich anschließend beim Haubenkoch trifft.

SIGHTSEEING

STREIF

Ups, da wird einem gleich ein wenig flau im Magen: Wer über die Kante der „Mausefalle" blickt, sieht unter sich viel Luft – das Gefälle beträgt 85 Prozent! Aber gut, wir sind auf der Streif, der schwierigsten Abfahrtsstrecke der Welt. Im Sommer kann man bei einer mit Infotafeln ausgeschilderten Wanderung staunen, dass sich hier im Winter tatsächlich jemand runtertraut. Die Auffahrt erfolgt mit der *Hahnenkammbahn,* Start der 3,8 km langen Wanderung ist das Starthaus; der Weg ins Tal überwindet ca. 900 Höhenmeter und dauert etwa 2½ Std.; eine Snackpause bietet sich auf der Seidlalm an.

ESSEN & TRINKEN

LOIS STERN

Zeitgemäßes, hochdekoriertes Restaurant mit hohem Promifaktor, in dem das Essen nicht nur nach Alpen, sondern auch nach Asien schmeckt. In der großen Schauküche kannst du Chef Lois Stern beim Kochen zusehen. *Di–Sa | Josef-Pirchl-Str. 3 | Tel. 05356 74882 | loisstern.com | €€€*

NEUWIRT

In einem der traditionsreichsten Gasthöfe von Kitzbühel kocht Jürgen Kleinhappl heute pfiffige Neukreationen alter Spezialitäten. *Mitte April–Mitte Mai geschl., sonst tgl. | Florianigasse 15 | Tel. 05356 691158 | neuwirtkitz.com | €€–€€€*

SHOPPEN

Mondänes Shopping in schnuckeligem Dorfambiente mit Großstadtpreisen – so lässt sich das Einkaufserlebnis in Kitzbühel beschreiben. In der Innenstadt wechseln sich Haute-Couture-Boutiquen und Designerläden von Louis Vuitton bis Swarovski ab. Den besonderen Touch haben die Kreationen der Marke *Toni Sailer,* die im Stil der dahintersteckenden Skilegende aus den 1950ern designt sind. Mit einem Outfit aus dem *Shop (Bichlstr. 26)* machst du auf der Piste allerbeste Figur.

SPORT & SPASS

Kitz wird vielen sportlichen Ansprüchen gerecht: 1000 km Wanderwege, 1200 km Rennradstrecken, 800 km

Mountainbikerouten, 240 km Skipisten sowie Walking- und Laufstrecken, vier Golfplätze allein im Ort und ein hervorragendes E-Bike-Netz laden ein, sich gründlich (aber immer mit Stil) auszutoben. Eine Besonderheit für passionierte Läufer sind die zwölf Trailrunning-Strecken, die mitten durch die schöne Bergwelt führen – allerdings sind sie recht anspruchsvoll, sowohl was die Kondition als auch die Technik angeht. Für erfrischende Stunden sorgen das moorhaltige Wasser am Schwarzsee oder Gieringer Weiher; Familien mit Kindern sind im Jochberger *Waldschwimmbad* bestens aufgehoben. Und falls das Wetter mal auf ungemütlich dreht, heißt es ab in die Kletterhalle *(kletterkitz.at)* oder ins Badezentrum *Aquarena (aquarena.tirol).*

INSIDER-TIPP
Laufend Bergerlebnisse

FESTE

Zum *Hahnenkammrennen* Mitte Januar ist in Kitzbühel fast eine Woche lang Party angesagt. Hohe Promidichte herrscht auf der Zuschauertribüne und später in den Bars. *hahnenkamm.com*

AUSGEHEN & FEIERN

Die Lichter gehen in „Kitz" nie ganz aus. So haben auch die Bars bis in die Morgenstunden geöffnet. Promis aus Film und Sport treffen sich gern bei *Jimmy's (Hinterstadt 22 | jimmyskitz.at)*, im *Leo Hillinger Weinshop & Bar (Hinterstadt 11 | leo-hillinger.com)* oder zum Tanzen im legendären *Take-Five (Hinterstadt 22 | club-takefive.com).*

RUND UM KITZBÜHEL

9 KUFSTEIN

35 km von Kitzbühel entfernt, 40 Min. mit dem Auto

Wer über die Inntal-Autobahn nach Tirol reist, sieht die *Feste Kufstein (tgl. 9–18 Uhr | Eintritt 13 Euro | festung.kufstein.at | 2 Std.)* schon von Weitem über dem Ort (19 700 Ew.) thronen. Die imposante Festung geht auf das Jahr 1205 zurück. Mit einem umbauten Areal von 26 000 m² ist sie größer als die ebenfalls sehenswerte Altstadt Kufsteins und oft Schauplatz großer Events. Faszinierend ist die Aussicht über die Stadt und das Inntal.

In der Schauglashütte *Riedel Glas (Mo–Fr 9.30–16 Uhr | Eintritt frei | riedel.com | 45 Min.)* kann man sich über die Glasherstellung schlaumachen und den Glasbläsern bei der Arbeit zusehen. *kufstein.com* | *G5*

10 ZILLERTAL

85 km von Kitzbühel bis Mayrhofen, 1 Std. 20 Min. mit dem Auto

Das 30 km lange Tal ist der Inbegriff von Ferien in Tirol: Malerische, blumengeschmückte Ortschaften, grüne Wiesen und sanft ansteigende Berghänge, die sich nach hinten hin zu vier Hochgebirgstälern verengen. Besonders stolz ist man hier auf das gepflegte Brauchtum, wobei da heute oft schon ein bisschen Folklore mitschwingt. Aber klar, auch der Naturgenuss kommt nicht zu kurz: Bergsichere Autofahrer sind von der *Zillertaler Höhen-*

Grandioser Spiegel: der Friesenbergsee im Zillertal

straße mit entsprechenden Steigungen und phantastischen Ausblicken begeistert. Ganz im Süden ist der *Hochgebirgs-Naturpark Zillertaler Alpen (naturpark-zillertal.at)* auf einer Höhe von 1000 bis 3500 m eingerichet, der sich damit über alle Höhenstufen der Zentralalpen erstreckt. Er bietet eine außergewöhnliche Artenvielfalt sowie über 80 Gletscher und zahlreiche Berg- und Karseen. Sommerliche Themenwanderungen. *zillertal.at* | *F–G6*

LIENZ

(H7) **Die Hauptstadt (12 000 Ew.) Osttirols liegt am Zusammenfluss von Drau und Isel. Hier trifft alpenländische Szenerie auf die Leichtigkeit des Südens.**

Der Hauptplatz im Zentrum ist gesäumt von stolzen, knallbunten Bürgerhäusern, die Sonnenterrassen der vielen netten Cafés laden zu ausgiebigen Pausen ein. Man streckt seine Füße in Richtung Palmen aus, dahinter ragen die Bergspitzen hervor. Ankommen, durchatmen, genießen.

SIGHTSEEING

MUSEUM SCHLOSS BRUCK

Sollte man gesehen haben: Die hier ausgestellten Werke von Albin Egger-Lienz (1868–1926), dem berühmtesten Sohn der Stadt, haben eine unge

meine Kraft – die Bilder zeigen realistisch bis expressionistisch den mühsamen Alltag der Bergbauern jenseits von Postkartenidyllen, aber auch die Grauen des Kriegs. *Mai/Juni, Sept./Okt. Di–So 10–16, Juli/Aug. tgl. 10–18 Uhr | Eintritt 9 Euro | Schlossberg 1 | museum-schlossbruck.at | 1½ Std.*

ESSEN & TRINKEN

ADLERSTÜBERL

Das urige Lokal ist das älteste Einkehrgasthaus der Stadt. Klassische Küche, originelle Hausspezialitäten, aromatische Wildgerichte. *Fr–Di | Andrä Kranz-Gasse 7 | Tel. 04852 6 25 50 | adlerstueberl.at | €€*

SPORT & SPASS

Das *Dolomitenbad (dolomitenbad.at)* mitten in der Stadt ist ein modernes Frei- und Hallenbad. Rund um Lienz gibt es wunderschöne Wanderwege und tolle, nach Schwierigkeitsgraden differenzierte Rad- und Mountainbikerouten. Kinder sausen mit Vergnügen die *Sommerrodelbahn (osttirodler.com)* am Hochstein runter.

RAFTING AUF DER ISEL ★

Die Isel, der größte Gletscherfluss der Alpen, stürzt aus der Venedigergruppe der Hohen Tauern mit weißen Schaumkronen und lautem Getöse quer durch Osttirol. Wer Spaß am Wildwasser hat, ist hier goldrichtig und geht im Raftingboot auf Tuchfühlung. Das ist ein rasantes und spektakuläres Abenteuer vor der großartigen Kulisse der Lienzer Dolomiten, einfach unvergesslich! Nicht ohne Grund zählt das hier zu den Top-Raftingrevieren Europas. Rafting, Canyoning, Kanu- und Kajakfahren organisiert *Adventure Park Osttirol (ota.at)* direkt am Iselufer in Ainet, 8 km außerhalb der Stadt.

RUND UM LIENZ

11 KALS

30 km von Lienz entfernt, 30 Min. mit dem Auto

Die alten Holzhäuser geben dem kleinen Ort am Fuß des Großglockners das idealtypische Aussehen eines Bergdorfs. Im *Handwerksladen (Do/Fr 16–18 Uhr)* werden kulinarische Köstlichkeiten aus der Nationalparkregion Hohe Tauern verkauft. Den schönsten Glocknerblick bietet der neu angelegte Parkplatz *Glocknerwinkel* am Ende der Hochgebirgsstraße *(Maut ab 4 Euro)* von Kals ins Ködnitztal. Hier startet auch der rund einstündige Themenrundweg „Glocknerspur". Wer länger gehen möchte: Es sind außerdem verschiedene Hüttentouren möglich, mit Startpunkt Lucknerhaus gegenüber vom Parkplatz. *glocknerstrasse.at* | *H7*

12 UMBALFÄLLE

45 km von Lienz entfernt, 50 Min. mit dem Auto

In kaum einem anderen Tal der Hohen Tauern zeigen sich die landschaftsfor-

Mit dem Charme von anno dazumal: historisches Wassersägewerk in Innervillgraten

mende Wirkung und das Wesen eines Gletscherbachs auf so beeindruckende Weise wie am Wasserschaupfad mit den prächtigen Stufenfällen der Isel. Vom Parkplatz Ströden aus gelangst du in ca. 30 Minuten zum Ausgangspunkt des Wegs. Die Wanderung am Wasserschaupfad dauert etwa vier Stunden hin und zurück *(11 km, 445 Höhenmeter). Jederzeit zugänglich* | *G7*

13 VILLGRATENTAL ★

40 km von Lienz bis Innervillgraten, 40 Min. mit dem Auto

Hier ist die Idylle zu Hause – unverfälschtes Landleben ohne Eingriffe von außen. Das Tal ist eine Sackgasse: Auf *Außervillgraten* folgt nach vielen Kurven das malerische *Innervillgraten*, kurz darauf das herzige *Kalkstein* und dann sind da nur noch Berge. Im Villgratental gibt's keine Lifte, obwohl es an Schneehängen nicht mangelt. Der Skizirkus bleibt außen vor. Also: wandern (im Winter Skitouren gehen) und die Seele baumeln lassen! Du hast Zeit mitgebracht? Dann mach dich auf zur fünftägigen *Weitwanderung Herz Ass.*

Die Menschen hier haben sich bewusst gegen Massentourismus gestellt und sind dafür ihre eigenen Wege gegangen. Ein Beispiel dafür ist Familie Schett, die ganz aufs Schaf setzt. Im *Haus Villgrater Natur (Mo–Fr 8–12 und 14–18, Sa 9–12 Uhr | Innervillgraten | villgraternatur.at)* kannst du sie und ihre Philosophie kennenlernen und hochwertige Wollprodukte kaufen. *osttirol.com/villgratental* | *G–H7*

OBER-ÖSTERREICH & SALZBURG

KRISTALLKLARE SEEN UND DIE MOZARTSTADT

Harmonisch und wild zugleich zeigt sich das Salzkammergut, eine Bilderbuchlandschaft in der Mitte Österreichs: Fjordartige Seen liegen wie Badewannen zwischen den rauen Bergen, Gletscher und Schneefelder der höchsten Gipfel spiegeln sich im samtglatten Wasser. Der Abbau von Salz hat die Gegend reich gemacht, heute lebt man vom Tourismus. Diese großartige Seenlandschaft umfasst die schönsten Ecken der Bundesländer Oberösterreich und Salzburg (plus einen Zipfel Steiermark).

Touristenmagnet Salzburg: Barockschönheit mit Mozartbonus

Im Salzburger Süden geben die Dreitausender der Hohen Tauern im gleichnamigen Nationalpark den Ton an, im Norden zieht die Mozart- und Festspielstadt Salzburg mit barocker Pracht in ihren Bann. Ausführliche Infos findest du im MARCO POLO Band „Salzburger Land". Im Kontrast dazu präsentiert sich die oberösterreichische Landeshauptstadt Linz als lebenslustige Industriemetropole an den Ufern der Donau. Die Gipfel im südlich davon gelegenen Nationalpark Kalkalpen mit seinen ausgedehnten Buchenwäldern reichen knapp an die 2000 m heran.

OBERÖSTERREICH & SALZBURG

MARCO POLO HIGHLIGHTS

★ **KRIMMLER WASSERFÄLLE**
Volle Wasserkraft voraus: beeindruckendes Naturschauspiel im Nationalpark Hohe Tauern ➤ S. 66

★ **GIPFELWELT 3000**
Faszination ewiges Eis – sogar mit Bar und Strand ➤ S. 67

★ **FESTUNG HOHENSALZBURG**
Sagenhafte Ein-, prächtige Aussichten: Die mächtige mittelalterliche Festung thront über der Festspielstadt ➤ S. 68

★ **WERFEN**
Erleb den Zauber der Kälte in der weltgrößten Eishöhle und ritterliches Feeling in der Burg Hohenwerfen ➤ S. 72

★ **ARS ELECTRONICA CENTER**
Im Inneren einen Blick in die Zukunft tun, abends die farbwechselnde Außenhülle bewundern ➤ S. 76

★ **MURAL HARBOR**
Graffiti zwischen Containern, Kränen und Lagerhallen ➤ S. 77

Vilshofen an der Donau
3
DEUTSCHLAND
20
Pfarrkirchen
388
Rott
Eggenfelden
Pocking
BAYERN
Inn
Braunau am Inn
ÖSTERREICH
Alz
Burghausen
147
Mattighofen
Tittmoning
Salzach
20
Straßwalchen
Mattsee
Laufen (Salzach)
1
75 km, 1 Std
Festung Hohensalzburg ★
Pfahlbau- und Klostermuseum Mondsee 6
Freilassing
Salzburg S. 68
158
Mondsee
Bad Reichenhall
Sankt Gilgen
SALZBURG
90 km, 1½ Std.
Berchtesgaden
A93
178
Golling an der Salzach
Kufstein
St. Johann in Tirol
Lofer
178
311
TIROL
5 Werfen ★
Saalfelden am Steinernen Meer
Kitzbühel
Sankt Johann im Pongau
161
Flachau
Zell am See S. 64
311
Neukirchen am Großvenediger
2 Nationalparkwelten
168
A10
Salzach
1 Krimmler Wasserfälle ★
3 Gipfelwelt 3000 ★
4 Kraftwerk Glockner-Kaprun
161
Bad Gastein
TRENTINO-ALTO ADIGE/SÜDTIROL
Heiligenblut

Rožmberk nad Vltavou
ČESKO
10 Böhmerwald
Rohrbach-Berg
130
Bad Leonfelden
Freistadt
Donau
126
Ars Electronica Center
Mural Harbor
129
Peuerbach
Eferding
Linz
S. 76
130 km, 1½ Std.
Grieskirchen
Traun
3
A8
Wels
A1
St. Valentin
309
75 km, 1 Std.
A1
1
Traun
Bad Hall
Steyr
Vöcklabruck
A9
A1
OBERÖSTERREICH
Waidhofen an der Ybbs
Gmunden
S. 73
Kirchdorf an der Krems
Attersee
Traunsee
9 Nationalpark Kalkalpen
Ebensee am Traunsee
115
145
7 Bad Ischl
Bad Aussee
Liezen
8 Hallstatt
145
Rottenmann
Enns
A9
STEIERMARK
320
Schladming
S36
Judenburg
Mur
Murau
20 km
12.43 mi
St. Michael im Lungau

ZELL AM SEE

(🕮 H6) Die kleine Stadt (10 100 Ew.) liegt zentral im Salzburger Land am Ufer des mehr als 4,5 km² großen Zeller Sees, der Badespaß im Trinkwasser verspricht.
Markant wacht die Schmittenhöhe (1965 m) über dem Ufer, im Hintergrund sind die schneebedeckten Spitzen des Hochgebirges zu sehen. Die Innenstadt von Zell ist eine typische Marktgemeinde in den Alpen – wären da nicht die vielen arabischen Besucher, die für eine völlig konträre orientalische Szenerie sorgen.
Zell eignet sich gut als Ausgangspunkt für Ausflüge in die Hohen Tauern, die Salzburger Kalkalpen und die Kitzbüheler Alpen. Hier endet man auch, wenn man aus Kärnten kommend über die Großglockner Hochalpenstraße fährt (s. S. 123).

SIGHTSEEING

SCHMITTENHÖHE

In sieben Minuten rauf auf den Berg (1965 m) – die Schmittenhöhenbahn macht's möglich. Der Blick schweift um 360 Grad und erhascht dabei dreißig 3000er, darunter den Großglockner. Einen schönen Überlick über die Region bekommst du entlang der Panorama-Höhenpromenade; sie ist mit Thementafeln und Fernrohren ausgestattet, die gleich die Namen der Gipfel verraten. Falls du dich über die seltsamen Großskulpturen wunderst, die einem hier und da ins Auge stechen: Sie sind Teil des Kunstprojekts „Galerie auf der Piste". *Berg- und Talfahrt 32,50 Euro | schmitten.at*

Ragt über das Nebelmeer: der Kitzsteinhorngletscher bei Kaprun

ESSEN & TRINKEN

KRAFTWERK

Holzgebälk und Ziegelwerk sorgen für eine außergewöhnliche, sehr schöne Stimmung in diesem Lokal in einem ehemaligen Kraftwerk. Aus der Küche kommen regionale, modern adaptierte Gerichte, viele der Zutaten stammen vom eigenen Biobauernhof. *Mi–Mo ab 17 Uhr, Juli/Aug tgl. | Schmittenstr. 12a | Tel. 0664 3 88 80 16 | www.kraftwerk-restaurant.at | €€*

PINZGAUER HÜTTE

Die hausgemachten Spezialitäten wie Kaiserschmarren oder Kasnocken muss man sich erst verdienen: Der kürzeste Weg führt über die Bergstation Schmittenhöhe *(beschildert | bergab ca. 45 Min.).* Sonnenterrasse mit Großglocknerblick; eigene E-Bike-Ladestation. *Juni–Okt. und Weihnachten–Ostern tgl. bis 16 Uhr | Piesendorf | Tel. 06549 78 61 | pinzgauer-huette.at | €*

SHOPPEN

Bei *Heimatgold (tgl. | Bahnhofstr. 1 | heimatgold.at)* gibt es „Kostbares aus der Region“: bäuerliche Produkte wie Edelbrände, Marmeladen oder Knabbereien. Wer seine Outdoorausrüstung aufstocken will, wird im Flagshipstore von *Intersport Bründl (Nikolaus-Gassner-Gasse 4)* im nahen Kaprun fündig.

SPORT & SPASS

BERGSPORT

Die Schmittenhöhe kann auch sportlich einiges: Wenn dir der Sinn nach echtem Wandern steht, dann mach dich z. B. auf den „Pinzgauer Spaziergang“, der in aussichtsreichen 17 km (ca. 6 Std.) hinüber zum Schattberg führt *(Berg- und Talfahrt jeweils mit der Bergbahn möglich, jeweils Busverbindung ins Zentrum von Zell am See).* Wer Lust auf Gesellschaft hat, schließt sich einer der kostenlosen geführten Wanderungen an.

INSIDER-TIPP
Putten mit Panorama

Lustig ist Disc-Golfen, eine Kombination aus Frisbee und Basketball. 18 Körbe sind auf 3,5 km zu werfen, man muss bloß aufpassen, angesichts des Ausblicks unterwegs die Konzentration nicht zu verlieren. Gestartet wird auf 1850 m bei der Bergstation der Sonnkogelbahn an der Nordflanke der Schmitten, Ziel ist die Sonnenalm auf 1400 m *(Parcours-Nutzung mit gültigem Seilbahnticket gratis | Scheiben-Verleih gegen 10 Euro Pfand | schmitten.at).*

Auch am Kitzsteinhorn (3029 m) bei Kaprun lässt sich gut wandern, daneben aber auch klettern *(Klettergarten Rettenwand und Grünsteinfindling)* – und Ski fahren. Satte zehn Monate dauert die Skisaison ganz oben am Gletscher *(Berg- und Talfahrt zum Alpincenter 39 Euro | kitzsteinhorn.at).* Von Mitte Juni bis Mitte September fahren auch die Mountainbiker hier hinauf, um sich anschließend einen von drei Freeride-Trails hinunterzuwagen. Ausdauernde Uphiller genießen die landschaftlich einzigartige Auffahrt von Kaprun über den Maiskogel; E-Biker finden auf 2450 m beim Alpincenter eine kostenlose Ladestation.

Wer es nicht so mit dem Radeln über Stock und Stein hat: Familientaugliche Strecken sind im Tal ausgeschildert, etwa die gemütliche Runde um den Zeller See (11,2 km). Räder und E-Bikes verleiht das *Fahrrad-Center (Kitzsteinhornstr. 1 | fahrrad-center.at).*

WASSER & EIS

Der Zeller See wird im Hochsommer bis zu 24 Grad warm. Die drei Strandbäder in den Ortsteilen Zell am See, Thumersbach und Schüttdorf sind bestens ausgestattet – von der Rutsche bis zur Wasserskischule. Eisläufer ziehen im Winter auf dem See ihre Runden.

WELLNESS

Auch außerhalb der Badesaison wartet in der Nachbargemeinde Kaprun das moderne *Tauernspa (tauernspa kaprun.com),* das auf stolzen 48 000 m² (!) Wellness mit Ausblick bietet.

RUND UM ZELL AM SEE

1 KRIMMLER WASSERFÄLLE ★

55 km von Zell am See entfernt, 1 Std. mit dem Auto

Imposant stürzen die Fälle im Krimmler Achental, die aus 17 Gletscherbächen gespeist werden, aus 380 m Höhe in drei Stufen herab. Damit nehmen sie Platz fünf auf der Liste der weltweit höchsten Wasserfälle ein. Ein Wanderweg führt direkt an dieses atemberaubende Naturschauspiel heran, wo du den Sprühregen auf der Haut und die Kraft des Wassers im Körper beben spürst. Aussichtskanzeln erlauben spektakuläre Ausblicke auf die tosenden Wassermassen *(Mitte April–Ende Okt. | Eintritt 5 Euro | 4 km | ca. 1¼ Std. Gehzeit flussaufwärts | wasser faelle-krimml.at).* Am Fuß der Fälle wartet die *Wasser-Wunder-Welt (Mai–Okt. tgl. 9–17 Uhr | Eintritt inkl. Parkplatz*

HOHE TAUERN

Wilde alpine Urlandschaften und über die Jahrhunderte gepflegte bergbäuerliche Almen sind die beiden Gesichter von Österreichs erstem Nationalpark, der 1981 eingerichtet und später zum größten Naturschutzgebiet im gesamten Alpenraum erweitert wurde. 1856 km² stehen als zusammenhängende Fläche in den Bundesländern Kärnten, Salzburg und Tirol unter Schutz, sie beherbergen rund 10 000 Tier- und 1800 Pflanzenarten, von der Gämse über den Steinadler bis hin zur Orchidee Schwarzes Kohlröschen. Der Nationalpark Hohe Tauern umfasst vom Tal bis weit über 3000 m Seehöhe sehr unterschiedliche Lebensräume. An seinen wildesten Stellen wirkt er unberührt. Sogar Hollywood war schon da, um Teile des Films „Sieben Jahre in Tibet" (mit Brad Pitt) hier abzudrehen. Großes Exkursionsangebot mit Rangern: *hohetauern.at und Wasserfallweg 10,60 Euro),* die nicht nur mit moderner Technik Wissen rund ums Thema Wasser vermittelt, sondern Besucher auch in Kontakt mit dem nassen Element bringt. *G6*

2 NATIONALPARKWELTEN

30 km von Zell am See entfernt, 30 Min. mit dem Auto

Falls du nicht vorhast, eine Wandertour durch den Nationalpark Hohe Tauern zu machen (s. Kasten und Erlebnistour 3 S. 130), dann lohnt sich auf jeden Fall ein Abstecher zum modernen Nationalparkzentrum *(tgl. 9–18 Uhr | Eintritt 13 Euro | Gerlosstr. 18 | nationalparkzentrum.at | 2 Std.)* in Mittersill. Das zahlt sich aus, denn du erfährst hier Spannendes, Unglaubliches und Abenteuerliches zu Themen wie dem Leben in der Region, der Geologie, der Tier- und Pflanzenwelt sowie dem Klima. *H6*

Revierkämpfer: Steinböcke im Nationalpark Hohe Tauern

3 GIPFELWELT 3000 ★

10 km von Zell am See entfernt, 30 Min. mit dem Regiobus 660

Am Kitzsteinhorn ist nicht nur gut Sporteln (s. Sport & Spaß): Auf der höchstgelegenen Panorama-Plattform (3029 m) im Bundesland eröffnen sich atemberaubende Aussichten ins Tal von Kaprun, auf den Zeller See und die hier übliche Anzahl von dreißig 3000ern im Nationalpark Hohe Tauern. Danach durchquert man den Berg in einem 360 m langen Stollen, wo Infotafeln zum Lebensraum Alpen aufgestellt sind und der zu einer weiteren Plattform führt, die auch Turnschuhtouristen tief ins echte Hochgebirge blicken lässt. Außerdem gibt es hier noch ein Kino, das Impressionen der Region im Wandel der Jahreszeiten zeigt. Ein Highlight ist die buchstäblich coole *Ice Arena,* die mit Rutschbahnen, Schneestrand und *Ice Bar* im Hochsommer für willkommene Abkühlung sorgt. *Talstation Kaprun | Kesselfallstr. 60 | Ticket inkl. Seilbahnfahrt 49,50 Euro | kitzsteinhorn.at | H6*

4 KRAFTWERK GLOCKNER-KAPRUN

15 km von Zell am See entfernt, 20 Min. mit dem Auto

Das 1955 eröffnete Kraftwerk im Hochgebirge ist ein Symbol für den

Wiederaufbau Österreichs. So beängstigend die riesigen Betonmauern mit 107 m Höhe und 494 m sich zwischen den Felsen biegender Breite auch wirken: Hier wird aus 160 Mio. m^3 Wasser sauberer Strom erzeugt. Die Auffahrt erfolgt mit Europas größtem offenem Schrägaufzug *(Ende Mai–Mitte Okt. tgl. 8.10–16.45, letzte Bergfahrt 15.30 Uhr | Berg- und Talfahrt 28 Euro | Kesselfallstr. 98 | Kaprun)*. Es gibt Staudammführungen ins Innere der Mauer *(tgl. 10–15.15 im 45-Min.-Takt | 6 Euro | Treffpunkt Kiosk Mooserboden-Speicher | 1 Std.)*, eine moderne, interaktive Erlebniswelt „Strom" sowie Wanderwege. Wieder unten kannst du das Kraftwerk *(tgl. 8–18 Uhr | Eintritt frei | Krafthausstr. 20)* selbst besuchen und von einer Galerie aus das Geschehen in der Maschinenhalle der Kaprun-Hauptstufe miterleben. *verbund.com/tm* | *H6*

SALZBURG

(J4) **Salzburg ist Mozart, Jedermann, Unesco-Welterbe. Salzburg, das bedeutet mächtige Kirchen und prächtige Palais, enge Gassen und jede Menge Eleganz.**

Salzburg (159 000 Ew.) ist ein Highlight für Kulturfans – das heißt aber leider auch, dass sich in der City, insbesondere an neuralgischen Punkten wie in der Getreidegasse, vor und in Mozarts Geburtshaus oder auf der Festung, meist die Touristenmassen stauen. Sehenswert ist die prächtige, barocke Altstadt trotzdem.

WOHIN ZUERST?

Die Standseilbahn in der Festungsgasse *(Busstation Rathaus, z. B. mit Nr. 3, 5 oder 6 | Parkgarage in der Petersbrunnstr.)* trägt dich hinauf zur **Festung Hohensalzburg.** Der tolle Ausblick auf die engen Gassen der Mozartstadt bietet erste Orientierung. Nach der Festungsbesichtigung bringt dich die Seilbahn ins Zentrum zurück. Alternativ: 20 Min. Fußweg *(Festungsgasse)*.

SIGHTSEEING

FESTUNG HOHENSALZBURG ★

Sie thront auf einem 199 m hohen Dolomitstock und wurde im Lauf von 600 Jahren zu einer der größten Burganlagen Mitteleuropas ausgebaut. Ein Höhepunkt der Besichtigung, für die man locker einen halben Tag ansetzen kann, sind die prunkvollen Fürstenzimmer – sie zählen zu den schönsten gotischen Profanräumen Europas. Ein Besuch ist aber auch dann fast schon Pflicht, wenn du weniger Zeit im Gepäck hast, denn der Ausblick über die Stadt ist berauschend. *Mai–Sept. tgl. 8.30–20, Okt.–April 9.30–17 Uhr | Eintritt ab 10,30 Euro | salzburg-burgen.at | 3 Std.*

DOM

Der von Santino Solari geschaffene, frühbarocke Bau fasst über 10 000 Menschen. Auffällig ist die helle Innenraumgestaltung, die durch die 75 m hohe Kuppel unterstrichen wird. Die zweitürmige Fassade bietet die be-

Der Residenzbrunnen plätschert seit 360 Jahren auf dem gleichnamigen Platz vorm Dom

eindruckende Kulisse für die Aufführungen des „Jedermann". *Eintritt frei, Spenden erbeten | Führungen tgl. 14 Uhr, 5 Euro | Residenzplatz/Kapitelplatz*

DOMQUARTIER ☂

Ein Rundgang (mit Audioguide) führt von den Prunkräumen der fürsterzbischöflichen *Alten Residenz* über die Dombögen zum *Dom,* in dessen seitlichen Oratorien Sonderausstellungen und die Schätze des *Dommuseums* zu sehen sind. Weiter geht es in die Kunst- und Wunderkammer, zu den barocken Gemälden der *Langen Galerie* und zu den kostbaren Kunstschätzen des klösterlichen *Museums St. Peter.* Nach einem Blick in den gotischen Chor der *Franziskanerkirche* endet die Tour im prachtvollen Carabinieri-Saal der *Residenz. Mo, Mi–So 10–17, Juli/Aug. tgl. 10–18 Uhr | Eintritt 13 Euro | Residenzplatz 1 | domquartier.at |* ⏲ *2½ Std.*

MOZARTS GEBURTSHAUS

Für Mozartfans ist die Getreidegasse 9 eine Art Pilgerstätte. Das musikalische Wunderkind wurde in diesem Haus geboren und verbrachte auch Kindheit und Jugend hier – wenn er nicht gerade mit Schwester Nannerl auf Tournee war. Die originalen Wohnräume wurden rekonstruiert, Urkunden, Briefe und Erinnerungsstücke dokumentieren Mozarts Leben in Salzburg; Highlight sind die historischen Instrumente. *Tgl. 9–17.30 Uhr | Eintritt 12 Euro | Getreidegasse 9 | mozarteum.at |* ⏲ *1 Std.*

SCHLOSS HELLBRUNN

Das Schloss wurde 1612 vom Salzburger Fürsterzbischof Markus Sittikus von

Salzburgs erste Adresse für Läden und Restaurants: die Getreidegasse

Hohenems in Auftrag gegeben, der als großer Liebhaber der italienischen Kunst und Kultur den Dombaumeister Santino Solari mit den Arbeiten beauftragte. Im großzügig angelegten Schlosspark kannst du zwischen mächtigen Bäumen, barocken Wasserflächen und modernen Kunstinstallationen auch ohne Eintritt zu zahlen stundenlang flanieren. Die weltberühmten Wasserspiele mit ihren grotesken Grotten, im manieristischen Stil gestalteten Brunnen und Fontänen, die oft unerwartet aus versteckten Winkeln Wasser spritzen, sind als Herzstück der Schlossanlage allerdings nur mit Eintritt zu besichtigen. Stimmungsvoll ist der alljährliche Adventszauber. *April, Okt. tgl. 9–17.30, Mai/Juni, Sept. bis 18.30, Juli/Aug. bis 19 Uhr | Eintritt 13,50 Euro, Park gratis | hellbrunn.at | 3 Std.*

ESSEN & TRINKEN

STERNBRÄU

Hauseigenes naturtrübes Bier, dazu ein Fiakergulasch, genossen in einer bodenständigen Bierstube. Du kannst hier aber auch im Bürgersaal gediegen speisen oder in der Sternlounge ziemlich stylish abhängen und dich bei einem gepflegten Glas Wein durch die Tapas kosten. Bei Schönwetter sitzt du natürlich in einem der herrlichen Gastgärten. *Tgl. | Griesgasse 23 | Tel. 0622 84 21 40 | sternbrau.com | €€*

EISL EIS

Bioschafmilcheis vom Wolfgangsee – da lacht das Herz ökobewusster Genießer. Aber auch Eisgourmets bekommen hier strahlende Augen, denn das extrem cremige Eis der Eisls

schmeckt urgut – und besonders: Die Sorten reichen von Heidelbeer-Rosmarin bis Sesam-Dirndl. *Tgl. bei Schönwetter 12–17 Uhr | Getreidegasse 22 | eisl-eis.at*

PAULI STUBM

Kultwirtshaus mit einem netten kleinen Biergarten in der Innenstadt. Serviert wird einfache, aber gute, ehrliche Küche (z. B. Kasnocken, Knödel, Ofenkartoffel, Schweinsbraten) – in fast etwas zu viel dekoriertem Ambiente. *Mo–Sa ab 17 Uhr | Herrengasse 16 | Tel. 0662 84 32 20 | paul-stube.at | €–€€*

SHOPPEN

Viele traditionsreiche Manufakturen, vom Likörerzeuger bis zum Konditor, haben ihre Läden in romantischen Innenhöfen rund um die Getreidegasse.

KIRCHTAG

Ein ungewöhnliches Mitbringsel sind die handgefertigten Regenschirme der Manufaktur, die schon seit 1903 für gute Laune bei Mieselwetter sorgen. *Getreidegasse 22*

SPORT & SPASS

ALMKANAL

Der ursprünglich zur Trinkwasserversorgung angelegte Kanal dient heute auch der Erholung. Seine Ufer im südlichen Stadtgebiet (Nähe Leopoldskroner Weiher) sind an schönen Sommertagen gesäumt von Sonnenanbetern. Zur Erfrischung springt man einfach ins wirklich kühle Nass, lässt sich ein wenig von der Strömung treiben und trocknet dann auf dem Rückweg. Noch 3 km weiter Richtung Süden rauschen Surfer und Paddler über die künstliche *Almwelle (Obus Nr. 5, Birkensiedlung)* in Richtung City. Radler begleiten den Almkanal am Radweg. *almkanal.at*

STADT VON OBEN

Mitten in der City erleben Kletterer tolle Aussichten auf die Mozartstadt: Der *Kletterparcours Müllner Schanze (oberhalb der Müllner Kirche)* am Mönchsberg ist frei zugänglich. Hier gibt's neben zwölf Touren für Könner noch die Möglichkeit zum Bouldern, Slacklinen und Balancieren im Seilzirkus. Salzburg von oben auch ohne Klettern können Wagemutige bei einem Tandem-Paragleitflug vom Gaisberg aus erleben *(flytandem.at)* oder bei einer Ballonfahrt über die sanft hügelige Seenlandschaft im Umland *(flyhigh.at)*.

WALDBAD ANIF

INSIDER-TIPP
Am, im und überm Wasser

Großzügig ist das Ambiente im Waldbad südlich der Stadt. Das Herzstück ist der große See mit gepflegten Liegeflächen rundum. Außer Sonnenbaden kannst du hier u. a. mit dem Wakeboardlift fahren, Stand-up-Paddeln, im Hochseilgarten klettern und mit dem Flying Fox über der Wasseroberfläche gleiten. *Bei Schönwetter April–Juni, Sept. tgl. 10 Uhr bis Sonnenuntergang, Juli/Aug. ab 9 Uhr | Eintritt 8 Euro | waldbadanif.at*

WANDERN

Die Stadtberge laden ein, frische Luft zu schnappen. Sowohl am Gaisberg,

Wie schön Kälte sein kann, zeigen die gefrorenen Riesen der Eishöhle in Werfen

Salzburgs Hausberg und mit 1278 m die höchste Erhebung im Stadtgebiet *(Bus Nr. 151 ab Mirabellplatz)*, als auch am Kapuzinerberg *(zu Fuß über Steingasse und Imbergstiege)* und am Mönchsberg *(Auffahrt per Mönchsbergaufzug, Anton-Neumayr-Platz | tgl. | einfache Fahrt 2,80 Euro)* lässt es sich aussichtsreich spazieren bis gemächlich wandern gehen. Mit etwas Glück sind wilde Gämsen zu sehen.

FESTE

Zu den traditionsreichen *Salzburger Festspielen* im Sommer steht klassische Musik und darstellende Kunst im Mittelpunkt, legendär sind die Aufführungen des „Jedermann" am Domplatz. *salzburgerfestspiele.at*

AUSGEHEN & FEIERN

Die drei Epizentren des Salzburger Nachtlebens sind der Rudolfskai mit klassischen Bars und urigen Pubs, die Ecke Anton-Neumayr-Platz/Gstättengasse mit etablierten Läden wie der Cocktailbar *Flip (Gstättengasse 17 | Facebook: FlipSalzburg)* und die Gegend rund um Steingasse und Giselakai, wo es besonders schick zugeht – etwa im *Watzmann (Giselakai 17a | cultbar.at)*. Party direkt am Wasser gibt es in der *Salzach-Insel-Bar (Franz-Josef-Kai 1a | Facebook: SalzachBar)*.

RUND UM SALZBURG

5 WERFEN ★

55 km von Salzburg entfernt, 50 Min. mit dem Auto

Bekannt ist der Ort für seine mächtige Festung, die mittelalterliche *Burg Hohenwerfen (Mai–Sept. tgl. 9–17, März/April, Okt./Nov. Di–So 9.30–16 Uhr |*

Eintritt 14,40 Euro | salzburg-burgen.at | 3 Std.), die seit 900 Jahren wehrhaft auf einem Felskegel hoch über dem Salzachtal thront.

Ein weiterer Höhepunkt ist die größte *Eishöhle* der Welt *(Mai–Okt. tgl. 9.30–15.45 Uhr | Eintritt mit Seilbahn ab 35 Euro | eisriesenwelt.at | 3 Std.),* in der auch im Sommer winterliche Temperaturen herrschen. Sensationelle Eisgebilde und -paläste von kristallklarer Schönheit sind hier zu bewundern. Achtung: Selbst mit Gondelfahrt ist der Zustieg recht anspruchsvoll!

Für den Ausflug nach Werfen solltest du einen ganzen Tag einplanen. *J5*

GMUNDEN

(L4) **Das hübsche Städtchen Gmunden (13 200 Ew.) am Nordufer des Traunsees ist das Tor zum Salzkammergut und historisch durch den Salzhandel gewachsen.** Den Wohlstand von damals sieht man den prächtigen Hausfassaden heute noch an, dreht man sich in die andere Richtung, liegt einem der malerisch von Bergen umgebene See zu Füßen.

SIGHTSEEING

GMUNDNER KERAMIKMANUFAKTUR

Grün geflammtes Geschirr aus Gmunden ist ein Stück österreichischer Alltagsgeschichte – die Teller und Tassen mit dem charakteristischen Streifenmuster sind in vielen Haushalten zu finden. In der Manufaktur, die im Jahr der Entdeckung Amerikas eröffnet wurde, kann man sich davon überzeugen, dass hier alles in Handarbeit entsteht. *Führungen Sept.–Mai Mo–Sa, Juni–Aug. tgl. 10.30 und 13 Uhr | Eintritt 9,50 Euro | Voranmeldung erbeten: Tel. 07612 7 86 72 | Verkauf Mo–Fr 9–18, Sa 9–17 Uhr | Keramikstr. 24 | gmundner.at | 1½ Std.*

ESSEN & TRINKEN

KONDITOREI-CAFÉ GRELLINGER

Berühmte Konditorei, in der du die Gmundner Torte (Mürbteig mit Nussmasse) probieren solltest. *Do–Di | Franz-Joseph-Platz 6 | konditorei-grellinger.at*

RESTAURANT ORTHER STUB'N

Das Seeschloss aus dem 11. Jh. ist den älteren Semestern vielleicht noch als „Schlosshotel Orth" aus der TV-Serie (ZDF/ORF) bekannt. In Wirklichkeit ist es gar kein Hotel, sondern mit Standesamt, Kapelle und Schiffsanlegestelle eine sehr beliebte Hochzeitslocation. Wer es ohne Jawort besuchen möchte, kann hier in der urigen *Orther Stub'n* einkehren. *Mi–So | Ort 1 | Tel. 0664 4 64 30 16 | ortherstubn.at | €€*

SHOPPEN

PASCHINGER

Lederhosen sind ja mittlerweile auch in den Städten der letzte (Hipster-) Schrei. Beim Paschinger kannst du dir die Hirschlederne maßschneidern lassen oder budgetschonend zu fertigen Modellen greifen. Für den Winter gibt's tolle Lammfelljacken. *Am Graben 1 | lederhosenmacher.at*

Seilbahnfahrt auf den Feuerkogel – Wahnsinnsausblick über den Traunsee inklusive

SPORT & SPASS

GRÜNBERG

Auf den Hausberg der Gmundner (1004 m) bringt dich ganz bequem die Seilbahn. Zur ultimativen Aussicht fehlen dann noch 39 Höhenmeter, die du dich in Spiralen nach oben windest, wobei sich immer neue Einblicke in die Bäume und schließlich die Wipfel des Walds auftun. Auf der obersten Plattform des Aussichtsturms genießt du ein Komplettpanorama vom Salzkammergut. Runter geht es dann mit der Rutsche. Sommerrodelbahn, Baumwipfelpfad, Niederseilgarten, Wander- und Bikewege ergänzen das Angebot am Grünberg. *Seilbahn Ende März–Mitte Nov. tgl. 9–17.30, im Sommer bis 19.30 Uhr | Berg- und Talfahrt 21,90 Euro, Kinder 12 Euro, Kombiticket mit Baumwipfelpfad 32,80 bzw. 21,10 Euro, Rutsche 2 Euro | gruenberg.info*

RADFAHREN

Im Salzkammergut werden wirklich alle Ansprüche bedient: Hardcore-Mountainbiker zieht es in die Gegend um Bad Goisern oder gleich auf die dreitägige Dachsteinrunde – wobei man sich mittlerweile auf den meisten Routen auch vom E-Bike unterstützen lassen kann. Im etwas flacheren Terrain rund um den Fuschlsee sind Rennradtouren im Programm *(rennrad-austria.at)*. Der neueste Hit sind Gravelbikes, eine Mischung aus Mountainbike und Rennrad, für die nun sukzessive neue Strecken ausgearbeitet werden. *salzkammergut.at*

INSIDER-TIPP
Ferrari mit SUV-Reifen

WANDERN

Wandern kannst du hier überall, zu den Highlights zählen das Gebiet Dachstein-Krippenstein und die Wanderung vom Schafberggipfel (Seilbahn) am Wolfgangsee über die Schafbergseen zur Schafbergalm. Falls es etwas mehr sein darf, ist vielleicht der neue Berge-Seen-Trail *(salzkammergut.at/trail)* – in 20 Etappen von See zu See – genau das Richtige?

WASSERSPORT

Mit dem Traunsee vor der Haustür ist Wassersport die klare Nummer eins. In allen Facetten: Segeln, Surfen, Kiten, SUP, Wasserskifahren und Wakeboarden, Tauchen und Kajakfahren *(wassersportarena.at)*. Die Kombi aus Wasser und Bergen sorgt dafür, dass sportlich keine Wünsche offen bleiben – das gilt für Gmunden und den Traunsee wie für das ganze Salzkammergut. Besonders gut gelingt das Segeln und Surfen am Atter- und Mondsee, das Wasserskifahren sowie Funsport am Wolfgangsee und das Tauchen im Gosausee sowie im Hallstätter See.

RUND UM GMUNDEN

6 PFAHLBAU- UND KLOSTERMUSEUM MONDSEE

50 km von Gmunden entfernt, 35 Min. mit dem Auto

Die Pfahlbaukultur des Mondseelands ist namensgebend für die regionale Kultur in der Jungsteinzeit. Umfangreiche Funde – von Keramik bis Steinwerkzeug – und Forschungsergebnisse entführen in die Welt der Urahnen. Daneben wartet im Klostermuseum sakrale Kunst. *Mai–Okt. Di–So 10–17 Uhr | Marschall-Wrede-Platz 1 | Mondsee | Eintritt 7 Euro | museummondsee.at | 2 Std. |* K4

7 BAD ISCHL

35 km von Gmunden entfernt, 40 Min. mit dem Auto oder Zug

Die Kur- und Operettenstadt (14 200 Ew.) lebt auch heute noch vom k.u.k.-Flair, 2024 ist sie Europäische Kulturhauptstadt. In der ehemaligen *Kaiservilla (tgl. April, Okt. 10–16, Mai–Sept. 9.30–17 Uhr | Eintritt 16 Euro | kaiservilla.at | 2 Std.)*, die voller Erinnerungen an Kaiser Franz Joseph und seine Sisi ist, wohnt mit Markus Habsburg ein Urenkel des Kaisers. Legendär ist die *Konditorei Zauner (tgl. | zauner.at)* in der Pfarrgasse, im Sommer sitzt man in der Filiale an der Traunesplanade und lässt sich den köstlichen Zaunerstollen schmecken, der nach einem Geheimrezept hergestellt wird. Jedes Jahr Mitte August zum *Kaisergeburtstag* wähnt man sich in einem Historienfilm – nur dass sich unter den vielen nostalgisch kostümierten Statisten auch echte Adelige finden. K4

INSIDER-TIPP
Komm, wir gehen Adel schauen

8 HALLSTATT

50 km von Gmunden entfernt, 1 Std. mit dem Auto oder Zug

Der Ort (800 Ew.), laut Alexander von Humboldt der „schönste Seeort der Welt", liegt idyllisch zwischen See und hoch aufragenden Steilwänden. Hallstatt ist auch kulturhistorisch bedeutend: Das Gräberfeld über dem Ort gab einer ganzen Epoche der Eisenzeit ihren Namen. Das *Salzberg-*

werk (tgl. April–Okt. 9.30–16, sonst bis 14.30 Uhr, Jan. geschl., Führungen alle 30 Min. | Ticket 27 Euro, Kinder 13,50 Euro, mit Bergbahn 40 bzw. 20 Euro | salzwelten.at | 2 Std.) daneben ist seit über 3500 Jahren in Betrieb.

Hallstatt steht im Mittelpunkt der Unesco-Welterberegion Inneres Salzkammergut/Dachstein. So weit, so gut, doch leider wird Hallstatt seit Jahren von Touristen regelrecht gestürmt – wer über Nacht bleibt, erlebt zumindest in den Tagesrandstunden etwas mehr Beschaulichkeit.

Tagsüber empfiehlt sich die Weiterfahrt nach Obertraun, wo dich die Seilbahn hinauf ins Dachsteinmassiv trägt. Hier kannst du Höhlen besichtigen, dich auf der Aussichtsplattform *5fingers* am Krippenstein auf fünf Stegen über einem 400 m tiefen Abgrund dem Höhenrausch hingeben oder wandern gehen *(dachstein-salzkammergut.com)*. Wer am Ufer bleibt, hat vom Strandbad in Obertraun einen sensationellen Blick über den See bis Hallstatt *(Eintritt Strandbad frei)*. K5

INSIDER-TIPP
Sight-swimming

LINZ

(M3) **Der Hauptplatz der oberösterreichischen Landeshauptstadt (208 000 Ew.) ist gesäumt von barocken Schaufassaden und bestückt mit der prächtigen Dreifaltigkeitssäule.**

Doch obwohl dies einer der größten umbauten Plätze Europas ist, liegt die wahre Attraktion von Linz in seiner jüngeren Geschichte als Industrie- und in seiner jüngsten als Kulturmetropole: 2009 war Linz Europäische Kulturhauptstadt – die Aufbruchstimmung von damals hält bis heute an.

WOHIN ZUERST?

Nimm die Straßenbahn (1, 2 oder 3) und starte den Tag im obersten Stock des **Ars Electronica Centers.** Hier liegt dir die Stadt zu Füßen. Egal, ob du deinen Citytrip mit dem Besuch des Centers, mit dem Lentos Kunstmuseum, dem Hauptplatz oder dem Mural Harbor fortsetzen möchtest: Von hier aus sind es nur wenige Schritte.

SIGHTSEEING

ARS ELECTRONICA CENTER ★

Die interaktiven Ausstellungen orientieren sich am Menschen und an seiner Umgebung. Von verschiedenen Seiten nähert man sich den Fragen an, wie unser Leben entstanden ist, wie es sich in heutiger Zeit darstellt und wie es sich in Zukunft entwickeln könnte. Ein Highlight ist der Deep Space 8K, wo Bildwelten (z. B. Astronomie in Gigapixelfotos oder Bilder aus dem Inneren des Menschen) so projiziert werden, dass man sich als Teil davon fühlt. Besonders schön ist außerdem die allabendlich hell leuchtende Animationsfassade. *Di–So 10–17 Uhr | Eintritt 11,50 Euro | Ars-Electronica-Str. 1 | aec.at | 3 Std.*

Leuchtender Blickfang in Linz: die Fassade des Ars Electronica Centers

HAUPTPLATZ

Der riesige Platz im Herzen der Stadt ist gesäumt von zumeist barocken Häusern. In seinem Mittelpunkt steht die 20 m hohe, reich verzierte Dreifaltigkeitssäule in opulentem Barock (1723). Haus Nr. 18 beherbergt ein Glockenspiel.

LENTOS KUNSTMUSEUM ☂

Das direkt an der Donau gelegene Museum mit dem strengen Korpus aus Glas und Beton umfasst eine ansehnliche Sammlung von Werken der klassischen Moderne u. a. von Gustav Klimt, Egon Schiele, Oskar Kokoschka und Max Pechstein, dazu zeitgenössische Kunst etwa von Maria Lassnig, Arnulf Rainer, Markus Lüpertz. Regelmäßig Führungen sowie Kunstgespräche zu speziellen Themen. *Di–So 10–18 (Do bis 20) Uhr | Eintritt 11 Euro | Ernst-Koref-Promenade 1 | lentos.at | ⏲ 1½ Std.*

MURAL HARBOR ★

Mit *Mural Harbor – Die Hafengalerie Art Space* ist in der Stadt die weltweit größte zusammenhängende Graffitigalerie entstanden. Mehr als 300 gesprayte Werke von Künstlern aus 30 Nationen bringen im Industriehafen Farbe auf große Lagerhallen, Container, Kräne und Schienen. Das ungewöhnliche Kunstprojekt ist nur im Rahmen von Führungen zugänglich – die gibt es zu Fuß oder mit dem Boot als Hafenrundfahrt, beides auch in Kombination mit einem Graffiti-Crashkurs. *Termine s. Website | ab 19,90 Euro | Ticket vorher online kaufen | Treffpunkt Regensburgerstr. 2 (zu Fuß) bzw. Obere Donaulände 1 (Boot) | muralharbor.at*

VOESTALPINE STAHLWELT

Der Roboter tut, der Mensch staunt. Auch sonst bleiben angesichts der Stahlproduktion die Münder offen. Die Voest-Alpine ist ein Weltkonzern mit großer Tradition; die multimediale, interaktive Ausstellung allein ist den Weg wert, die Werksführung bringt dich zudem mitten ins (laute und heiße) moderne Geschehen. *Ausstellung Mo–Sa 9–17 Uhr | Eintritt 10 Euro | Ausstellungsführung plus Werkstour Sa 11.30–14.30 Uhr, Kosten 24 Euro (inkl. Eintritt) | Voest-Alpine-Str. 4 | Tel. 050 304 15 89 00 | voestalpine.com/stahlwelt/ | 1½ Std., mit Werkstour 3 Std.*

ESSEN & TRINKEN

DIE DONAUWIRTINNEN

... sind eigentlich drei Männer. Aber egal, das Essen ist überwiegend bio, schmeckt immer lecker und kommt gern auch vegetarisch oder vegan daher. Spezialität des Hauses sind die Flammkuchen. *Mo–Fr | Webergasse 2 | Tel. 0732 73 77 06 | diedonauwirtinnen.at | €€*

2RAUM

Hippes Lokal mit stylishem Interieur, in dem auch fröhliche Muster Platz haben. Zu Mittag gibt es Tagesgerichte aus der klassischen heimischen Küche, abends wird's dann ein wenig internationaler. Du kannst hier aber auch auf einen Kaffee vorbeikommen oder dir die Weine, Cocktails und hausgemachten Limos schmecken lassen. *Mo, Mi–Sa | Bethlehemstr. 1 | Tel. 0732 77 58 52 | 2raum.at | €€*

SHOPPEN

Die Landstraße vom Bahnhof zum Hauptplatz ist die Shoppingmeile mit großen Stores und überdachten Arkaden; kleinere Fachgeschäfte und Boutiquen finden sich auch in den Seitengassen. Das Mitbringsel schlechthin ist die Linzer Torte (Rührteig mit Johannisbeermarmelade), die man etwa in der *Konditorei Jindrak (Herrenstr. 22–24)* bekommt.

SPORT & SPASS

Ausgehend vom Lentos Kunstmuseum erstreckt sich der *Donaupark* entlang des großen Stroms. Hier kannst du joggen, skaten, den Donauradweg entlangfahren oder unter Bäumen Yoga machen. Wer Lust aufs Wasser hat, dreht der Donau den Rücken zu und geht ins *Fitnessoase Parkbad (Frei- und Hallenbad | short.travel/oes2)*.

FESTE

Jeden September steigt an einem verlängerten Wochenende das *Ars Electronica Festival (aec.at)* für digitale Musik und Kunst. Zeitgleich verwandelt die visualisierte *Klangwolke* den Donaupark in eine Open-Air-Bühne für eine Mulitimediashow aus moderner Musik, Feuerwerk, Laser- und Videoprojektionen *(Eintritt frei)*.

AUSGEHEN & FEIERN

Der Hotspot für laue Sommerabende ist die *Sandburg (tgl. bei Schönwetter | Untere Donaulände 5 | diesand burg.at)*, eine Strandbar, in der du den Sundowner mit den Füßen im Sand genießt. In der *Rooftop 7 Bar (Herrenstr. 11 | linz-hotel.at)* des Hotels Schwarzer Bär lässt sich aussichtsreich an feinen Cocktails nippen. Und der *Posthof (Posthofstr. 43 | posthof.at)* ist *der* Linzer Veranstaltungsort für schräge, alternative Unterhaltung.

RUND UM LINZ

9 NATIONALPARK KALKALPEN

60 km von Linz bis Molln, 1 Std. mit dem Auto

Wälder sind das Markenzeichen dieses Nationalparks. 75 Prozent (!) davon sind als Waldwildnis ausgewiesen, die ohne Eingriffe komplett der Natur überlassen wird. Viel Spannendes rund um die Urwälder von heute und morgen erfährst du im Besucherzentrum in Molln oder bei einer Führung. Die Touren zur Gamsbrunft im November sind besonders faszinierend, die Schwerkraft scheint für die Böcke nicht zu gelten. Ansonsten ist Wandern hier ein feines Vergnügen, gerade zur Herbstfärbung der Blätter. *kalkalpen.at* | L-M4

SIDER-TIPP
Tierische Stunts

10 BÖHMERWALD

50 km von Linz bis Haslach an der Mühl, 1 Std. mit dem Auto

Im Grenzgebiet zu Tschechien und Bayern bestimmen die sanften, aber auch mystischen Formen und Farben des

Futuristisches Werk: die Voestalpine Stahlwelt

Böhmerwalds die Landschaft. Die Gegend lädt zum Abschalten und Wandern ein – entlang des Schwarzenbergschen Schwemmkanals oder rüber zum Nachbarn an den Moldaustausee. Wer große Sehenswürdigkeiten sucht, ist hier falsch. Lust auf einen Ausflug in die Vergangenheit? Na dann auf nach Haslach an der Mühl: Dort erzählen sympathische Museen und Galerien Geschichte und Geschichten mit Schwerpunkt Textile Kultur *(haslach-erleben.at)*. Einst war die kleine Gemeinde (2500 Ew.) das wirtschaftliche Zentrum der Region. Jeden Juli findet hier der seit dem 16. Jh. etablierte *Webermarkt* statt. *boehmerwald.at* | L1-2

INSIDER-TIPP
Klappt auch ohne Zeitmaschine

NIEDER-ÖSTERREICH, WIEN & BURGENLAND

JUWELEN AN DER DONAU

Die Donaumetropole Wien ist der glanzvolle Mittelpunkt im Osten des Landes. Österreichs Hauptstadt ist weltweit eines der beliebtesten Ziele für Städtereisen – mit großer Geschichte und entsprechender Architektur. Wien wird komplett umschlossen von Niederösterreich, dem größten der neun Bundesländer. Wald- und Weinviertel nördlich der Donau konnten sich durch die Lage am Eisernen Vorhang viel von ihrer Ursprünglichkeit erhalten, das Mostviertel im Südwesten gilt als Geheimtipp für großartige Bir-

Das Wachauer Tal bei Dürnstein: hübsch idyllisch, diese Donauschleife

nenmoste. Ganz im Süden wird Niederösterreich alpin. Die Berge hier sind ein gutes Terrain für Einsteiger in den Wandersport.
Das Burgenland, Österreichs jüngstes Bundesland, kam erst nach einem Volksentscheid 1921 von Ungarn zu Österreich. Landschaftlich hat das Burgenland mit der übrigen Alpenrepublik wenig gemein. Die höchste Erhebung, der Geschriebenstein, ist nur 884 m hoch. Dafür lockt der Nationalpark Neusiedler See/Seewinkel mit einer faszinierenden Tier- und Pflanzenwelt.

NIEDERÖSTERREICH, WIEN & BURGENLAND
ČESKO
Waidhofen an der Thaya
Geras
1 Blockheide Gmünd
Weitra
Horn
Zwettl
S. 84
Groß Gerungs
Maissa
Gföhl
2 Rappottenstein
3 Arche Noah
50 km, 45 Min.
4 Langenlois
Krems
S. 86
Wachau 5
Traismauer
40 km, 1½ Std.
ÖSTERREICH
6 Melk
Grein
St. Pölten
Ybbs an der Donau
Amstetten
Donau
Ybbs
Kamp
Mank
OBERÖSTERREICH
Lilienfeld
Scheibbs
Waidhofen an der Ybbs
7 Mostviertel
Mariazell
STEIERMARK
15 km
9.32 mi
Semmering 9
Mürzzuschlag

MARCO POLO HIGHLIGHTS

★ **WACHAU**
Traumhafte Flusslandschaft im engen Durchbruchstal der Donau mit idyllischen Weindörfern ➤ S. 89

★ **MELK**
Imposantes Benediktinerstift hoch über der Donau mit sagenhaften Schätzen ➤ S. 90

★ **MUSEUMSZWILLINGE WIEN**
Rubens im Kunsthistorischen oder Dinosaurier im Naturhistorischen Museum? Zum einen geht's links, zum anderen rechts ➤ S. 93

★ **RINGSTRASSE IN WIEN**
Boulevard der steinernen Eitelkeiten – die Donaumonarchie am Höhepunkt ihrer Macht ➤ S. 93

★ **SCHÖNBRUNN**
Die einstige kaiserliche Sommerresidenz mit bezauberndem Park und großem Zoo verdient einen ganzen Tag ➤ S. 95

★ **NATIONALPARK NEUSIEDLER SEE/ SEEWINKEL**
Faszinierende Vogelbeobachtungen in der brettebenen Steppe am Ostufer des Sees ➤ S. 101

Unverkennbar ein Hundertwasser: der Brunnen auf dem Hauptplatz in Zwettl

ZWETTL

(🕮 N2) **Die Braustadt Zwettl (10 700 Ew.) ist die wichtigste Stadt des Waldviertels, einer in Österreich einzigartigen Landschaft aus sanften Erhebungen, dunklen Nadelwäldern und tiefen Mooren.**
In den kleinen Dörfern, die in dieser fast skandinavisch anmutenden Natur versprenkelt sind, scheint die Zeit stehen geblieben zu sein, was irgendwie auch auf Zwettl zutrifft.

SIGHTSEEING

HAUPTPLATZ

Das Zentrum der Stadt ist der dreieckige ehemalige Marktplatz, zu dem sich die Straße in Richtung Böhmen weitet, gesäumt von prächtigen Bürgerhäusern aus dem 16./17. Jh. mit markanten Fassaden. Besonders schön: der mit Ecksäulchen und bekrönenden Voluten (spiralförmigen Ornamenten) ausgestattete Renaissancerauchfang auf der linken Dachseite des Apothekenhauses (Nr. 11). Ein Blickfang ist der bunte Hundertwasserbrunnen, den der Künstler für seine zeitweilige Wahlheimat entwarf.

ZWETTLER BRAUEREI ☂

Eine der wenigen verbliebenen Privatbrauereien (seit 1708). Im Rahmen von Führungen kannst du dich in die Materie von Lager, Pils und Dunklem vertiefen. Außerdem sind dreistündige genussvolle Dämmerschoppentouren im Angebot *(Fr 18.30 Uhr | 22,80 Euro). Brauerlebnisführungen Di 16, März–Okt. auch Mi 16, Juni–Aug. auch Mi 13.30 Uhr | 12,80 Euro | zu allen Termin Anmeldung erforderlich: Tel. 02822 5 00 10 | Syrnauer Str. 22–25 | zwettler.at | 2 Std.*

ZISTERZIENSERSTIFT ZWETTL

Malerisch an einer Flussschleife des Kamp erhebt sich Stift Zwettl, 1138 von Hadmar von Kuenring gegründet. Zu sehen sind das älteste Kapitelhaus Österreichs, ein Raum aus dem 12. Jh., dessen Gewölbe von einer einzigen Steinsäule getragen wird, das romanische Dormitorium (Schlafgemach der Mönche) von 1159 sowie Österreichs ältester erhaltener Kreuzgang mit seinem sechseckigen Brunnenhaus. Die Schatzkammer des Stifts birgt Kostbares und auch der Garten ist sehenswert. *Ostern–Okt. tgl. 9.30–16, im Sommer bis 17 Uhr | Eintritt 10,90 Euro, audio- oder guidegeführte Touren jeweils 11,50 Euro | Stift Zwettl 1 | stift-zwettl.at | 2 Std.*

ESSEN & TRINKEN

WIRTSHAUS IM DEMUTSGRABEN

Edles Dorfwirtshaus mit hölzernen Stuben und nettem Gastgarten. Auf die Teller kommt hauptsächlich Regionales: Waldviertler Karpfen, Waldviertler Mohn oder Kartoffeln, die man hier u. a. zu sensationellen Knödeln formt. Knapp 3 km außerhalb von Zwettl. *Mi–So | Niederstrahlbach 36 | Tel. 02822 5 23 64 | demutsgraben.at | €€*

SHOPPEN

SONNENTOR

Johannes Gutmann, ein Kind des Waldviertels, begann vor rund 30 Jahren mit der Vermarktung biologisch produzierter Kräuter, die er u. a. zu Tees zusammenstellt. Er nannte seine Marke Sonnentor. Mittlerweile ist sie in ganz Österreich bekannt – rund 150 Bauern liefern ihm zu. Sämtliche Produkte gibt es im modernen Laden in Zwettl *(Dreifaltigkeitsplatz)* – oder aber du besuchst den Betrieb im nahen Sprögnitz mit Frei-Hof, riesigem Shop und dem Biorestaurant *Leibspeis (April–Okt. Mi–So 10–18 Uhr | Tel. 02875 7 25 64 50 | €€)*. Dort werden auch verschiedene Führungen *(Fr–So, Juni–Okt. tgl.)* angeboten. *sonnentor.com*

SPORT & SPASS

Das Waldviertel ist perfekt für Freizeitsportler erschlossen: Wander- und Radwege sind angelegt und ausgeschildert. Im Winter ist entschleunigendes Langlaufen angesagt.

BADEN

Am nahen Ottensteiner See kannst du das Handtuch am kleinen Strand bei der Ruine Lichtenfels auswerfen, dich rechts und links der großen Brücke bei Rastenfeld zu Fuß auf den Weg machen oder du mietest dir ein Tretboot *(Mai–Okt. tgl. | Verleih 9,60 Euro/Std. | Peygarten/Ottenstein 69 | Rastenfeld | seerestaurantottenstein.at)* und suchst dir deine private kleine Bucht auf dem Wasserweg. So oder so wirst du dir vorkommen wie in Schweden.

WANDERN

Die Landschaft hier oben (sagt man so, weil sich das Waldviertel auf einem Hochplateau befindet) ist sanft – ideal für weniger Trainierte. Mehr ein Spaziergang als eine Wanderung ist die Tour Nr. 55: Der *Hundertwasserweg (16,5 km | 5½ Std.)* folgt ausgehend von der Brauerei *(kurz Nr. 52 folgen)* dem Fluss Kamp auf einem seiner wildromantischsten Teile bis zu einer alten Hütte, die einst Hundertwasser als Refugium diente. Unterwegs kannst du über moosbewachsene Granitbuckel staunen, die sich den Wassern in den Weg legen, und nach Fabelwesen Ausschau halten. Nimm Badesachen mit, zahlreiche Minibuchten mit kleinem Strand aus grobem Granitsand laden zur Abkühlung im rötlichen Kampwasser.

INSIDER-TIPP
Frischekick für müde Füße

RUND UM ZWETTL

1 BLOCKHEIDE GMÜND

25 km von Zwettl entfernt, 30 Min. mit dem Auto

Der Ort Gmünd an der Grenze zu Tschechien hat einen sehenswerten Stadtplatz, gesäumt wird er von prächtigen Sgraffitohäusern. Bekannt ist Gmünd auch für seine Blockheide, wo sich zwischen Birkenhainen, Rotföhren und Heidekraut mächtige Granitblöcke auftürmen, die eigenartig geformt sind, oft wie Kugeln. Am spektakulärsten sind die Wackelsteine – tonnenschwere Gebilde, die nur knapp aufliegen und leicht beweglich sind. Wer keine Ortskenntnis besitzt, findet die prächtigsten Stücke ausgeschildert im *Naturpark Blockheide,* der mit Wanderwegen erschlossen ist und wo es auch einen Aussichtsturm gibt. *blockheide.at* | *N1*

2 RAPPOTTENSTEIN

15 km von Zwettl entfernt, 20 Min. mit dem Auto

Das Waldviertel ist ein Land der Burgen. Die imposanteste davon ist *Rappottenstein (Führungen Ostern/April–Juni und Okt. Sa/So, Juli–Sept. Di–So 11, 12, 14, 15, 16 Uhr | Eintritt 11 Euro | burg-rappottenstein.at | 1½ Std.).* Sie überragt eine nahezu mittelalterliche Landschaft. Bis zu 5 m dick sind die Mauern, die Rapoto von Kuenring auf die wuchtigen Granitfelsen setzen ließ. Sie sind aus Verteidigungsgründen so angelegt, dass das Burginnere nur über fünf Vorhöfe und acht Tore zu betreten war. Der Bergfried und der fünfeckige Turm stammen noch aus der Gründungszeit (12. Jh.); sehenswert sind die Renaissanceloggia im innersten Hof und die Sgraffitomalereien an den Fenstern. *N2*

KREMS

(O2) **Am Ausgang der Wachau, einer der schönsten Landschaften an der Donau, liegt flussabwärts Krems (25 000 Ew.).**

Bei einem Spaziergang durch die 1000 Jahre alte Stadt offenbart sich ein geschlossenes mittelalterliches Häuserensemble, wie man es nur noch selten findet. Der einstige Reichtum ist gut zu erahnen – als eines der schönsten Häuser gilt die Kremser *Gozzoburg*, die im 13. Jh. nach dem Vorbild italienischer Palazzi errichtet wurde. Ihre einzigartigen Fresken sind im Rahmen von Sonderführungen zu sehen *(April–Okt. Sa/So 14 Uhr | Ticket 6 Euro | museumkrems.at | 1 Std.).* Im Stadtteil *Stein* befinden sich die Kunstmeile mit Kunsthalle, Karikaturmuseum und Minoritenkirche sowie die Donauuniversität, deren Studenten die Stadt jung halten.

INSIDER-TIPP
Mit Tapete von anno dazumal

Bloß nicht anschubsen!
Wackelstein in der Blockheide Gmünd

SIGHTSEEING

KARIKATURMUSEUM

Das von Gustav Peichl, dem Architekten der Bundeskunsthalle Bonn, entworfene Haus widmet sich (wie der Name schon sagt) Karikaturen und bietet tiefe Einblicke in die österreichische Seelenverfassung. Neben der Dauerausstellung mit Werken von Manfred Deix und Ironimus (Gustav Peichl) gibt es laufend Wechselausstellungen. *Tgl. 10–18, Nov.–Feb. bis 17 Uhr | Eintritt 10 Euro | Steiner Landstr. 3 a | karikaturmuseum.at | 2 Std.*

KUNSTHALLE

Die ehemalige Tabakfabrik wurde zu einem modernen Austellungszentrum umgebaut, wo die Kunstwerke nicht nur präsentiert, sondern geradezu inszeniert werden. Der Bogen spannt sich von der Kunst der zweiten Hälfte des 19. Jhs. über die klassische Moderne bis hin zu zeitgenössischen Werken. *Di–So 10–18, Nov.–Feb. bis 17 Uhr | Eintritt 10 Euro, Kombiticket Kulturmeile Krems mit Karikaturmuseum 18 Euro | Franz-Zeller-Platz 3 | kunsthalle.at | 1½ Std.*

ESSEN & TRINKEN

GASTHAUS JELL

Kultlokal mit Charakter und liebenswürdiger Wirtin, die mit Phantasie Bodenständiges kocht und Wert darauf legt, dass sie und ihre Gäste Spaß an der Sache haben. *Sa/So nur mittags, Mo geschl. | Hoher Markt 8–9 | Tel. 02732 8 23 45 | amon-jell.at | €€*

2STEIN

Bunt zusammengewürfelt ist die Einrichtung in diesem Lokal am Uni-Campus; große Speisekarte mit Schwerpunkt USA: Steaks, Salate, Burger (schon zum Frühstück!) und üppige Desserts. *Tgl. | Dr.-Karl-Dorrek-Str. 23 | Tel. 02732 7 16 15 | 2stein.at | €–€€*

SHOPPEN

In der Wachau und im nahe gelegenen Kremstal werden erstklassige Weine (Grüner Veltliner und Riesling) kultiviert. In der *Vinothek Leopold (Mo–Sa ab 16 Uhr | Utzstr. 1 | vinothek-leopold.at)* kannst du dich durch die besten Tropfen kosten, dabei lange hängen bleiben – und dich zu Ab-Hof-Preisen für zu Hause eindecken.

SPORT & SPASS

Die Gegend um Krems ist ideal für Radtouren. Neben dem Donauradweg gibt es landschaftlich sehr reizvolle Touren ins Kremstal sowie ins Kamptal und ins Waldviertel. Wer die Natur lieber in Ruhe, dafür aus ungewöhnlicher Perspektive betrachtet: Mehrmals täglich werden Schiffsausflüge in die Wachau angeboten *(ddsg-blue-danube.at).*

RUND UM KREMS

3 ARCHE NOAH

16 km von Krems entfernt, 20 Min. mit dem Auto

Der Verein setzt sich für die Erhaltung der Kulturpflanzenvielfalt ein – mittlerweile werden hier 6000 vorwiegend alte Landsorten vor dem Aussterben bewahrt. Sitz der Arche Noah ist das *Barockschloss Schiltern (April–Okt. Di–Fr 10–16, Sa bis 19, So bis 18 Uhr | Eintritt 9,50 Euro | arche-noah.at | 2 Std.)* mit einem liebevoll gestalteten Schaugarten und Shop. An den Wochenenden werden Führungen angeboten. Gartenliebhaber finden im Einzugsbereich von Krems noch mehr als ein Dutzend weitere Gärten, die besichtigt werden können *(diegaerten.at).* O2

INSIDER-TIPP
Gucken, was die grünen Daumen können

4 LANGENLOIS

11 km von Krems entfernt, 15 Min. mit dem Auto

Die kleine Stadt ist der Hauptort der Weinregion Kamptal. Prominent sichtbar ragt ein hochmoderner Kubus aus den Rebstöcken: das Besucherzentrum des *Loisiums,* einer „Weinerlebniswelt" *(tgl. 10–19 Uhr, Nov.–März kürzere Öffnungszeiten und Di geschl. | Eintritt 15 Euro | loisium.com | 1½ Std.).* Hier entführt man dich in mehr als 900 Jahre alte Gewölbe, um dir zu zeigen, wie Wein und Sekt hergestellt wird, was es mit der Kulturgeschichte des Weins auf sich hat und wie das Alltagsleben der Winzer früher war.

An heißen Tagen verschafft das *Kampbad* wohltuende Abkühlung – man badet direkt im samtweichen Flusswasser, kann zum Trocknen Volleyball spielen oder im Schatten nostalgischer Architektur vor sich hin dösen. O2

In strategisch guter Lage hoch über der Donau: Burgruine Aggstein

5 WACHAU ★

8 km von Krems bis Dürnstein, 15 Min. mit dem Auto, 35 Min. mit dem Schiff oder Fahrrad

Auf rund 30 km zwischen Krems und Melk hat die Donau ein enges Durchbruchstal und damit eines der landschaftlich schönsten Flusstäler Europas geschaffen. Das Unesco-Welterbe Wachau ist geprägt von Weinbergen, idyllischen Winzerorten, die ihren mittelalterlichen Charakter bewahrt haben, von Marillengärten und mächtigen Burg- und Klosteranlagen.

Zu den wichtigsten Sehenswürdigkeiten zählt die *Burgruine Aggstein (März–Okt. tgl. 9–18 Uhr | Eintritt 8,50 Euro, Kinder (6–16 J.) 6 Euro | ruineaggstein.at | 1½ Std.),* die am Südufer 300 m hoch auf einem schmalen Felsen thront. Tipp: Das Mittelalterfest im Mai lässt Ritterzeiten aufleben. Auf der anderen Seite der Donau ist *Weißenkirchen (weissenkirchen.at)* mit seiner Wehrkirche und dem Teisenhoferhof, einem der schönsten Renaissancehöfe der Region, einen Stopp wert. Malerisch zeigt sich auch die Marktgemeinde *Spitz*, in der immer am vorletzten Juliwochenende ein farbenprächtiger Marillenkirtag abgehalten wird.

Die Krönung jeder Wachautour ist *Dürnstein*, allerdings leider sehr von Touristen überlaufen. Aber am schönsten ist es sowieso vom Wasser aus, dazu nimmst du die Fähre nach Rossatz ans gegenüberliegende Ufer und hast so Zeit, den Anblick zu genießen. An heißen Tagen kannst du gleich neben der Anlegestelle in die Donau springen, immer die markante blau-weiße Kirche von Dürnstein im Blick. Danach nimmst du den Rollfährenweg hoch ins

INSIDER-TIPP **Wechsel mal die Perspektive**

Ortszentrum und kehrst bei einem Heurigen ein – eine unschlagbare Aussicht genießt du vom herrlichen Garten des *Weinbaus Reithofer (Aussteckzeiten beachten | Rossatz 76, gegenüber der Kirche | weinbau-reithofer.at).*

An der Moststraße ist ein Stopp beim Heurigen – oder bei zweien – quasi Pflicht

Wieder zurück in Dürnstein dünnen sich die Besuchermassen ein klein wenig aus, wenn du zur Burgruine hochsteigst, wo im 12. Jh. König Löwenherz gefangen war. Im Ort selbst sind der gotische Karner, der mittelalterliche Pranger und die Stiftskirche zu besichtigen. Für intensivere Bekanntschaft mit der Wachau bieten sich der *Welterbesteig (welterbesteig.at)* zum Wandern sowie der *Donauradweg* an. Veranstaltungshighlights sind die *Sonnwendfeiern (sonnenwende.at).* *wachau.at* | O2–3

6 MELK ★

40 km von Krems entfernt, 35 Min. mit dem Auto, 1½ Std. per Schiff

Die von Jakob Prandtauer geplante und 1736 fertiggestellte Anlage über der Donau ersetzte den Klosterbau aus dem 12. Jh. Melk galt seit dem Mittelalter als ein Zentrum des europäischen Geisteslebens und entsprechend opulent ist sowohl das Stift gestaltet und ausgestattet als auch die Kunstsammlung bestückt. Der Weg von der Stiftskirche über die Bibliothek in die Kaiserzimmer, in denen heute das Museum untergebracht ist, führt von einer Überraschung zur nächsten. Marmor in allen Farben, Blattgold und Stuck, formatfüllende Deckenfresken von Paul Troger, 9000 alte Bände in nur einem einzigen von mehreren Bibliothekssälen ... Der Rundgang hier hat definitv den Wow-Effekt – nicht kleckern, sondern klotzen war offensichtlich die Devise der Äbte von einst.

Der Stiftspark ist der optimale Platz, um nach der Besichtigung durchzuatmen und diese ganzen Eindrücke in Ruhe zu verarbeiten. *April–Okt. tgl. 9–17.30 Uhr, Nov.–März eingeschränkte Öffnungszeiten | ab 13 Euro | stift melk.at | ⏲ 2½ Std. | 🕮 O3*

7 MOSTVIERTEL

105 km von Krems bis Waidhofen an der Ybbs, 1½ Std. mit dem Auto

Tausende Birnen- und Apfelbäume verwandeln die südwestliche Ecke Niederösterreichs im April in ein Blütenmeer. Schön ist es in dieser Bauernlandschaft aber auch im Sommer, wenn die Mostheurigen ihre Terrassen geöffnet haben.

INSIDER-TIPP **Saftige Erfrischung**

Kehr doch z.B. beim *Hansbauer* ein, der seine Moste aus den Früchten der eigenen Streuobstwiesen produziert *(Aussteckzeiten lt. Kalender | Krottendorf 12 | hansbauer.at)*.

Sehenswert sind außerdem die alte Handelsstadt Waidhofen an der Ybbs, das *Erlebnismuseum Ferrum (Mo 13–17, Di–Fr 9–17, Sa 9–16, So 10–16 Uhr, Jan.–März Sa bis 13 Uhr, So geschl. | Eintritt 6,80 Euro | schmieden-ybbsitz.at/ferrum | ⏲ 1 Std.)* in Ybbsitz, das sich der Schmiedetradition widmet, und der *Ostarrichi Kulturhof (April–Okt. Do–Di | 5 Euro | ostarrichi-kulturhof.at | ⏲ 1½ Std.)* in Neuhofen an der Ybbs: Dort dreht sich alles um die Geschichte des Landes im Mittelalter. Aktive erkunden das Mostviertel auf dem *Ybbstalradweg*, wo die Kraft des meist türkisgrünen Wassers beeindruckt: 55 km geht es von Waidhofen an der Ybbs entlang bis Lunz am See, zurück mit dem Radtramper-Bus. *mostviertel.info | 🕮 M3–4*

WIEN

(🕮 Q3) **Mit dem Fall des Eisernen Vorhangs 1989 rückte Wien (1,9 Mio. Ew.) wieder vom Rand Europas mitten ins Herz. Das hat der Hauptstadt einen ungemeinen Aufschwung beschert, der sich auch in der gewaltigen modernen Skyline an den Ufern der Donau zeigt.**

Besucher faszinieren vor allem die prachtvollen Bauten aus der glanzvollen Epoche der untergegangenen Habsburgermonarchie: Die Unesco-geschützte Altstadt, Hofburg, Ringstraße und Schönbrunn machen Wien zu einem der begehrtesten Städtereiseziele. Dazu das junge, hippe Lebensgefühl ganzer Viertel, eine vibrierende Musik- und Theaterszene, das

WOHIN ZUERST?

Starte die Stadtbesichtigung am **Stephansplatz** *(🕮 d3)*, dem Mittelpunkt der City. Erklimm als Erstes den Südturm des Stephansdoms über 343 Stufen (oder nimm den Aufzug im Nordturm), um dir die Innenstadtgassen von oben anzugucken. Nach der anschließenden Dombesichtigung laden die Sehenswürdigkeiten der Innenstadt zum ausgedehnten Stadtspaziergang. Zwar gibt es am Stephansplatz eine Tiefgarage, es empfiehlt sich aber dringend, das Auto beim Hotel zu lassen und die U-Bahn (U1 oder U3) zu nehmen.

viele Grün in Parks und Wienerwald und nicht zuletzt die Freizeitmöglichkeiten – Wien ist eine der lebenswertesten Städte überhaupt. Mehr Informationen findest du im MARCO POLO Band „Wien".

SIGHTSEEING

STEPHANSDOM

Mit dem Bau einer romanischen Kirche zu Beginn des 13. Jhs. erhielt der später gotisierte Stephansdom seine heutige Grundform. Das Haupttor und die beiden Heidentürme samt Westempore stammen aus dieser Zeit. Kunsthistorisch Interessierte begeistern sich für die vielen feinen Details im Kircheninnern und verbringen Stunden im Wahrzeichen Wiens. Über die Raumwirkung staunen aber alle Besucher. Der 1433 vollendete Südturm war mit 136,70 m für einige Jahre der höchste Kirchturm Europas, der Österreichs ist er bis heute. Ein Lift führt zur Aussichtsplattform mit großartiger Weitsicht über die ganze Stadt. Die „Pummerin" gilt als das tönende Wahrzeichen der Stadt; die Kirchenglocke ist nur an höchsten Feiertagen und zu besonderen Anlässen zu hören. *Besichtigungszeit Mo–Sa 9–11.30 und tgl. 13–16.30 Uhr | verschiedene Ticketvarianten ab 6 Euro | stephanskirche.at | U 1 und 3: Stephansplatz | 1 Std. |* *d3*

HOFBURG

Kein anderes Gebäude versinnbildlicht die Machtfülle der Habsburger deutlicher als die Hofburg. Sie ist ein über Jahrhunderte gewachsener Gebäudekomplex mit Burgcharakter im Zentrum Wiens, der heute neben dem Amtssitz des Bundespräsidenten und Kongressräumlichkeiten eine Fülle von Prunkräumen und Museen umfasst. Die Nationalbibliothek mit dem faszinierend prunkvollen Lesesaal gehört ebenso dazu wie die Hofreitschule, die Hofkapelle, in der die Wiener Sängerknaben sonntags während des Hochamts auftreten, die Silberkammer und die Schatzkammer, in der neben der Kaiserkrone des Heiligen Römischen Reichs auch der Schatz des Ordens vom Goldenen Vlies gezeigt wird. Jeder Habsburger hat während der Regentschaft andere Räume als der Vorgänger benutzt. Die ehemaligen Sisi-Gemächer im Amalientrakt sind der touristische Renner, allen voran das Turn- und Toilettenzimmer der exzentrischen Kaiserin. *Straßenbahnen 1, 2, D: Burgring, Bus 1A, 2A: Michaelerplatz | 1–4 Std. |* *b–c 4–5*

ALBERTINA

Die Albertina zählt zu den Publikumsmagneten unter den Museen. Die auf Herzog Albert von Sachsen-Teschen zurückgehende Sammlung umfasst rund 50 000 Zeichnungen und 1 Mio. Druckgrafiken von der Spätgotik bis zur Gegenwart. Dürers „Betende Hände" und der „Hase" gehören zur Sammlung, werden aber nicht ständig gezeigt. Ein Highlight ist die Dauerausstellung „Monet bis Picasso. Die Sammlung Batliner". *Tgl. 10–18, Mi, Fr bis 21 Uhr | Eintritt 18,90 Euro | Albertinaplatz 3 | albertina.at | U 1, 2, 4: Karlsplatz, Straßenbahnen 1, 2, D: Oper | 2 Std. |* *c4–5*

RINGSTRASSE ★

Im ausgehenden 19. Jh. ließ Kaiser Franz Joseph I. die alten Stadtmauern schleifen und setzte sich mit dem Bau dieses Prachtboulevards ein Denkmal. Burgtheater, Staatsoper, Universität, Rathaus, Parlament und Stadtpark reihen sich hier zwischen Gründerzeitpalais wie die sprichwörtlichen Perlen an der Schnur. Für einen Überblick nimmst du am besten die ganz normale Straßenbahn Linie 1 *(Schwedenplatz bis Oper)* und 2 *(Rathaus bis Schwedenplatz)*, so kommst du einmal ganz rundherum. Wenn du mit einem Tagesticket o.Ä. unterwegs bist, kannst du zwischendrin jederzeit unterbrechen, oder du fährst einmal durch und entscheidest, was du dir später eventuell noch im Detail ansehen möchtest – je nach Wetter (und Interessenslage) empfehlen sich Stadtpark, Burg- oder Volksgarten, die dich keinen Cent kosten, oder eins der Museen (s. Museumszwillinge und Hofburg). *b-f 1–5*

MUSEUMSZWILLINGE ★

Die beiden gewaltigen Museumsbauten, die sich an der Ringstraße vis-à-vis der Hofburg gegenüberstehen, wurden im ausgehenden 19. Jh. vom Architekten Gottfried Semper geplant. So ähnlich die Hülle, so unterschiedlich allerdings die Fülle: Das *Kunsthistorische Museum (Di–So 10–18, Do bis 21 Uhr | Eintritt 18 Euro | khm.at | 3 Std.)* beherbergt eine berühmte Gemäldegalerie mit Schwerpunkt 15.–17. Jh. Das *Naturhistorische Museum (Do–Mo 9–18, Mi bis 20 Uhr | Eintritt 16 Euro | nhm-wien.ac.at |*

(⏲ *3 Std.)* zeigt in unendlich vielen Vitrinen und Schaukästen die Geschichte der Erde an sich. Besonders beeindruckend sind die lebensgroßen Dinosaurierskelette. *Maria Theresienplatz | U 2: Museumsquartier, U 2, 3: Volkstheater | b5*

MUSEUMSQUARTIER

Der kurz MQ genannte Museumskomplex zählt zu den zehn größten Kulturarealen weltweit. Zahlreiche Kulturinitiativen sind hier untergebracht, der Besuchermagnet schlechthin ist aber das *Museum Leopold (Mi–Mo 10–18 Uhr | Eintritt 15 Euro | leopoldmuseum.org | ⏲ 2 Std.).* Es zeigt ein Panorama der österreichischen Kunst seit dem ausgehenden 19. Jh., mit der größten Egon-Schiele-Sammlung der Welt und Spitzenwerken von Gustav Klimt. Die großzügigen Innenhöfe der ehemaligen Hofstallungen sind bestückt mit Open-Air-Sofas, die mittlerweile Kultstatus haben, und werden regelmäßig bei kostenlosen Veranstaltungen bespielt. *mqw.at | U2: Museumsquartier, U2, 3: Volkstheater | a–b5*

NASCHMARKT

Der Wiener Naschmarkt hat als Markt eine lange Geschichte, doch heute wird hier nur noch wenig Obst und Gemüse verkauft. In die alten Stände sind schicke Lokale und Delis einge-

Bildschönes Schönbrunn: wo das Handy vor lauter Prachtmotiven im Dauereinsatz ist

zogen. So ist der Naschmarkt die angesagte Fressmeile Wiens, wo das Frühstück bis nachmittags serviert wird und die Abende erst spätnachts ausklingen. Samstags gibt es einen bunten Flohmarkt. *Mo–Sa 8–24 Uhr (wetterabhängig), Flohmarkt Sa 6.30–18 Uhr | U4: Kettenbrückengasse, Karlsplatz | b–c6*

KARLSKIRCHE

Die bedeutendste Barockkirche Wiens mit der 72 m hohen Kuppel besticht durch ihre gewaltige Raumwirkung und ihr farbenprächtiges, mehr als 1000 m² großes Fresko. Über die Orgelempore gelangst du zur neuen Panoramaterrasse. *Mo–Sa 9–18, So 11–19 Uhr | Eintritt 9,50 Euro | karlskirche.eu | U 1, 2, 4: Karlsplatz | 45 Min. | d6*

BELVEDERE

Im *Oberen Belvedere,* wo einst Prinz Eugen, der Befreier Wiens von den Türken, wohnte und 1955 Österreichs Souveränität besiegelt wurde, hängen neben der umfassenden Gustav-Klimt-Sammlung österreichische und französische Meisterwerke des 19./20. Jhs. u.a. von Waldmüller, Schiele, Kokoschka, Monet, van Gogh. Nach dem Besuch nicht gleich weiterhetzen: Der barocke Garten begeistert auf drei Terrassenebenen auch mit herrlichen Wasserspielen. Und der Ausblick von hier auf die Stadt ist großartig. *Oberes Belvedere tgl. 10–18 Uhr | Eintritt ab 15,90 Euro, Tickets am besten online buchen | Garten tgl. ab 7 (im Sommer ab 6.30) Uhr frei zugänglich, Schließzeiten richten sich nach dem Sonnenuntergang | Prinz-Eugen-Str. 27 | belvedere.at | Straßenbahn D: Schloss Belvedere | 3 Std. | Q3*

INSIDER-TIPP Grün mit Aussicht

KUNSTHAUS

„Alles Hundertwasser" heißt das Motto des Mehrzweckhauses, in dem die weltweit einzige Dauerausstellung des Phantastischen Realisten Friedensreich Hundertwasser untergebracht ist. *Tgl. 10–18 Uhr | Eintritt 12 Euro | Untere Weißgerberstr. 13 | kunsthauswien.at | Straßenbahn 1, O: Radetzkyplatz | 1½ Std. | Q3*

PRATER

Der XL-Vergnügungspark lockt mit dem berühmten Riesenrad (61 m Durchmesser), nostalgischen Spiegelkabinetten und Karussellen, ultramodernen Holzachterbahnen und Flugsimulatoren. Dieser ganze Spaß ist eingebettet in einen herrlichen Auwald, eines dieser wunderbaren Wiener Naherholungsgebiete mitten in der Stadt. *U 1, 2: Praterstern | Q3*

SCHÖNBRUNN ★

Das lang gestreckte, sonnengelbe Barockschloss ist eine Wucht. Allein schon in der Außenwirkung und natürlich von drinnen: Prunkvolle 40 von insgesamt 1441 Räumen sind in der ehemaligen kaiserlichen Sommerresidenz zu besichtigen – angesichts all der glänzenden Pracht gehen einem die Augen über! Weitere Attraktionen sind der barocke Garten mit der *Gloriette* als Aussichtspunkt und das Palmenhaus, alles zusammen trägt den Titel Unesco-Welterbe. Außerdem gibt es hier den ältesten Zoo der Welt, der mit modernen Gehegen auch Skeptiker überzeugt. Nimm dir auf jeden Fall einen ganzen Tag Zeit für den Besuch. *Schloss: tgl. April–Okt. 8.30–17.30, Nov.-März bis 17 Uhr | Eintritt ab 22 Euro | Schlosspark: tgl. ab 6.30 Uhr | Eintritt frei | Tiergarten: tgl. ab 9, im Winter bis 16.30, im Sommer bis 18.30 Uhr | Eintritt 26 Euro, Kinder 15 Euro | Tickets online buchbar: schoenbrunn.at, zoovienna.at | U 4: Schönbrunn (Schloss) bzw. Hietzing (Zoo) | Q3*

ESSEN & TRINKEN

HIDDEN KITCHEN

INSIDER-TIPP
Da haben wir den Salat

Die Innenstadt ist fest in touristischer Hand, sie ist aber auch das Geschäftsviertel. Fast alle, die hier arbeiten, lieben die versteckte Küche von Julia Kutas, die raffinierte Salate serviert, etwa aus Süßkartoffeln und mit Mohn-Walnuss-Pesto. Suppen, Eintöpfe und Quiches haben ebenfalls Ethno-Touch. *Mo–Fr 10–15 Uhr | Färbergasse 3 | Tel. 01 2 76 83 98 | hiddenkitchen.at | € | c2*

FIGLMÜLLER

Gerüchteweise die beste Adresse im 1. Bezirk für klassische Wiener Schnitzel, die hier wirklich phänomenal sind, und auch für sonst alles Leckere, was die Wiener Küche so zu bieten hat. *Tgl. | Bäckerstr. 6 | Tel. 01 5 12 17 60 | figlmueller.at | €–€€ | e3*

CAFÉ PRÜCKEL

In einem schönen Ringstraßenpalast überrascht das Prückel mit originalgetreuem Design aus den 1950ern. Bekannt ist das Café für seine frischen Strudel und Mehlspeisen. Netter Gastgarten. *Tgl. | Stubenring 24 (Luegerplatz) | prueckel.at | € | f4*

STEIRERECK

Zeitgemäße österreichische Küche auf allerhöchstem Niveau kredenzt Chef Heinz Reiterbauer seit Jahren verlässlich in dieser wunderschönen Location im Stadtpark. Unbedingt chic anziehen und reservieren! *Mo–Fr 11.30–14.30 und ab 18.30 Uhr | Am Heumarkt 2 a (im Stadtpark) | Tel. 01 7 13 31 68 | steirereck.at | €€€ | e5*

NENI

Szenetreff am Naschmarkt. Hebräisch-levantinische Küche mit Einflüssen aus der ganzen Welt kommt hier herrlich leicht und würzig, frisch und in satt machenden Portionen auf die Teller. Große Auswahl an veganen Speisen. *Tgl. | Am Naschmarkt 510 | Tel. 01 5 85 20 20 | neni.at | €€ | c6*

SHOPPEN

Die besten, aber auch teuersten Adressen befinden sich am Kohlmarkt und am Graben, im angrenzenden Goldenen Quartier *(Tuchlauben/Bognergasse/Am Hof)* sowie in der Kärntner Straße. Die Mariahilfer Straße zwischen U 2-Station Museumsquartier und Westbahnhof ist die Shoppingmeile für alle Normalverdiener; neben großen Kaufhäusern bietet sie viele Stores

Restaurant Steirereck: bietet optisch wie geschmacklich Grund zum Staunen

internationaler Modeketten. Zwischen Mariahilfer Straße und Spittelberg, wo Kunsthandwerk verkauft wird, gibt's Fashion und Design „made in Vienna".

SPORT & SPASS

Die Stadt franst im Norden und Westen in den *Wienerwald* aus – bei schönem Wetter ist er das Open-Air-Fitnessstudio der Wiener, man geht spazieren, wandern, joggen oder biken. In Wien gibt es allerdings so unendlich viel zu sehen, da wird dir vermutlich wenig Zeit dafür bleiben.

Fast Teil der Stadtbesichtigung ist dagegen ein Besuch der 21 km langen *Donauinsel,* die in den 1970er-Jahren als Hochwasserschutz errichtet wurde. Hier kannst du vor der beeindruckenden Skyline laufen, skaten, radeln und natürlich baden, Beachvolleyball spielen und entspannen – an heißen Sommertagen der *place to be*!

Eine sportliche Form von Sightseeing erlebst du bei den *City Boot Camps:* Die ganze Innenstadt als Fitnessstudio ist das Motto – mit Dehnen an der Parkbank, Powerhüpfen über Stufen, Pole Dance am Laternenpfahl und Laufetappen dazwischen *(tgl. morgens und abends | Anmeldung erforderlich: citybootcamp.at).*

Im Winter verwandeln sich Rathausplatz und -park in einen einzigen Eistraum *(wienereistraum.com).*

FESTE

Ein großes Event sind die *Wiener Festwochen* im Mai/Juni, die spartenübergreifende moderne Kunst präsentieren – Publikumshits sind die Eröffnung am Rathausplatz und das Sommernachtskonzert Schönbrunn (*beides bei freiem Eintritt | festwochen.at, sommernachtskonzert.at).* Zu den Höhepunkten gehören auch das *Jazzfest Wien (im Juni/Juli | jazzfest.wien),* das sommerliche *Impulstanz Festival (impulstanz.com)* und das *Donauinselfest (Eintritt frei | donauinselfest.at),* ebenfalls im Sommer, bei dem bis zu 3 Mio. Besucher an drei Tagen zu Livemusik Party machen und das Abschlussfeuerwerk am Sonntag erleben.

AUSGEHEN & FEIERN

Theater, Musik und andere Kulturveranstaltungen gibt's in unzähligen Locations – die Stadtzeitung *Falter (falter.at/events)* bietet einen Überblick.

AM WASSER

Trendsetter verbringen den Abend am Donaukanal, etwa in der *Strandbar Herrmann,* wo man sich leicht wie im Urlaub am Mittelmeer fühlt *(Herrmannpark bei der Urania | strandbar herrmann.at),* beim Dinner im *Motto am Fluss (Franz-Josefs-Kai 2 | motto amfluss.at)* oder weiter nördlich auf der *Summerstage (Roßauer Lände | summerstage.at).* Nachtschwärmer zieht es in die *Sunken City (donauin sel.at)* auf der Donauinsel.

BARS & KNEIPEN

Eine der schicksten, schönsten und traditionsreichsten Bars von Wien ist *Loos American Bar (Kärntner Durchgang 10 | loosbar.at).* Schwer angesagt sind Dachbars wie das *Loft* im 18. Stock des Hotels *So/Vienna (Praterstr. 1 | so-vienna.com)* oder der *Dachboden* im *25hours Hotel (Lerchenfelder Str. 1–3 | dachbodenwien.at).* Die studentische Szene trifft sich im Museumsquartier und am Spittelberg. In den Stadtbahnbögen der U 6 gibt es außerdem eine lebendige Kneipenszene (mit Livemusik).

HEURIGE

Für den Heurigenbesuch empfehlen sich die Außenbezirke Grinzing und Nussdorf. Berühmt für seine Aussicht ist der Heurige *Sirbu (April–Okt. Di–Fr 16–23, Sa 15–23 Uhr | Kahlenbergerstr. 210 | sirbu.at),* ein echter Geheimtipp der von außen so unscheinbare Heurige *Hengl-Haselbrunner (Di–Sa 15.30–23 Uhr | Iglaseegasse 10 | hengl-haselbrunner.at).*

BADEN

(Q3) **Ins beschauliche Baden (26 000 Ew.) fuhr man einst zur Kur, und wenn man in den Ruhestand ging, zog man ganz dorthin.**

Die hübsche Kurstadt an den Flanken des Wienerwalds, die hier und da nach Schwefel riecht, hat sich viel vom Charme des ausgehenden 19. Jhs. bewahrt: Sie ist von Weinbergen umgeben und architektonisch vom Biedermeier geprägt, was in der kleinen Altstadt einer Zeitreise gleicht.

SIGHTSEEING

DOBLHOFFPARK

In dem öffentlichen Park ist Österreichs größtes Rosarium zu finden, der von Juni bis Oktober mit einer wahren Blütenpracht aufwartet. Auf über 30 000 Rosenstöcken gedeihen hier im Rosarium in 175 Beeten gut 900 Rosensorten. *Frei zugänglich | Eingang Pelzgasse 1*

HISTORISCHER KURPARK

Üppig blühen die Blumen in akkurat angelegten Beeten. Vom ehemaligen Kurhaus (heute Casino) aus laden Serpentinenwege mit schön inszenierten Sichtachsen zum gemütlichen Flanieren ein. *Frei zugänglich | Eingang Kaiser Franz Ring*

ESSEN & TRINKEN

CAFÉ-RESTAURANT DOBLHOFFPARK

Klassische Wiener Küche und internationale Gerichte gibt's direkt am Teich des Parks zu moderaten Preisen. *März–Okt. tgl. | Pelzgasse 1 | Tel. 02252 20 64 21 | cafe-doblhoffpark.at | €€*

SPORT & SPASS

THERMALSTRANDBAD

Baden ist die Stadt, in der man baden geht! Im Sommer im Thermalstrandbad, wo man beim Schwimmen gleich auch Sightseeing erlebt: Die prachtvolle, denkmalgeschützte Jugendstilarchitektur des Bads ist die Kulisse für Badevergnügen in riesigen Schwimm-, Spaß- und schwefelig-heißen Heilbecken. Im vorderen Teil gibt's Adriaflair am Sandstrand, im hinteren Teil einen herrlichen Park mit verschiedenen Sportmöglichkeiten. Ein Rundum-Familienerlebnis also. *Ende April–Sept. tgl. ab 8.30 Uhr | Eintritt ab 8,60, Kinder ab 4,70 Euro | Helenenstr. 19–21*

Da blüht dir was: Rosarium in Baden

WELLNESS

An weniger schönen Tagen ist die *Römertherme (tgl. 10–22 Uhr | Eintritt ab 10,50 Euro | Brusattiplatz 4 | roemertherme.at)* mit ihrer Saunalandschaft eine gute Alternative.

RUND UM BADEN

8 HEILIGENKREUZ

15 km von Baden entfernt, 15 Min. mit dem Auto

Die Mönche des fast 900 Jahre alten Zisterzienserstifts eroberten vor einigen Jahren mit ihren gregorianischen Choralgesängen sogar die englischen Popcharts. Du kannst eine CD kaufen – oder den Star-Mönchen bei der täglichen Messe lauschen *(Chorgebet mehrmals tgl.)*. Und wenn du schon mal da bist: Besonders eindrucksvoll ist der Kreuzgang! *Mo–Sa 9–11.30 und Mo–So 14–17.15 Uhr | Eintritt 11,50 Euro | stift-heiligenkreuz.org | 1 Std. | P3*

9 SEMMERING

65 km von Baden entfernt, 50 Min. mit dem Auto

Der Semmering-Pass (984 m) trennt die sogenannten Wiener Alpen in Niederösterreich von der Steiermark. Einst war der gleichnamige Ort ein mondäner Luftkurort von Weltrang. Herrscher und Adelige, reiche Bürger und Künstler – vom Habsburger Kaiser Karl bis zum Maler Oskar Kokoschka – verbrachten hier ihre Sommerferien und waren auch im Winter anzutreffen. Heute kommt man für einen vergnüglichen Skitag – oder im Sommer zum Auspowern im großartigen *Bikepark (semmering.com)*.

Eine tolle Kombination ist auch die Fahrt mit der ersten Gebirgsbahn der Welt (gehört zum Unesco-Weltkulturerbe) hinauf nach Semmering, gefolgt von einer Wanderung entlang der Trasse wieder zurück: Bahnwanderweg je nach Ausgangspunkt 9,5 km (Breitenstein) bis 21 km (Payerbach). *Züge mehrmals tgl. | www.semmeringbahn.at | P3*

NEUSIEDLER SEE

(R4) **Der riesige Steppensee, den sich das Burgenland mit Ungarn teilt, ist das Meer der Wiener. Hier öffnet sich Österreich in die Pannonische (ungarische) Tiefebene, mit der das Burgenland kulturell stark verbunden ist und die ihm auch klimatische Vorteile bringt.**

Im Sommer lädt der angenehm warme und seichte See zum Baden ein, die meist ordentliche Brise darüber hinaus bereits ab April zum Segeln und Surfen. Podersdorf am Ostufer ist der Hotspot für Sommerurlaub, Neusiedl am See am Nordrand der Seglertreff, während Orte wie Rust oder Mörbisch am Westufer eher der Erholung zwischen Weinbergen, pannonischen Straßenzügen und See dienen. Wobei: Die Operettenaufführungen auf der Seebühne bei den *Seefestspielen Mörbisch (seefestspiele-moerbisch.at)* sind im Sommer ein ganz schönes Spektakel.

Am Süd- und Ostufer steht die besondere Tier- und Pflanzenwelt im Nationalpark Neusiedler See/Seewinkel unter Schutz, dieser umfasst auch den kompletten ungarischen Anteil am See. Die gesamte Region wurde 2001 von der Unesco zum Welterbe erklärt. Es ist nicht unüblich, dass der Wasserstand im Hochsommer stark abfällt, doch in den letzten Jahren hat dies dramatische Ausmaße angenommen. Man befürchtet mittelfristig eine komplette Austrocknung des Sees.

ORTE AM SEE

10 RUST

Das winzige Städtchen (2000 Ew.) wird auf der einen Seite von Weinbergen flankiert, auf der anderen vom Schilfgürtel, durch den ein 1 km langer Weg zum Seebad führt. Jedes Jahr ab Frühsommer beziehen die Störche ihre riesigen Nester auf den Schornsteinen. Die anmutigen Bürgerhäuser mit Renaissance- und Barockfassaden sind gut erhalten. *freistadt-rust.at*

11 NATIONALPARK NEUSIEDLER SEE/SEEWINKEL ★

Verschiedene Landschaftsräume treffen hier, wo die allerletzten Alpenzüge in einem finalen Schwung in die Kleine Pannonische Tiefebene auslaufen, aufeinander. So sind alpine, pannonische, asiatische, mediterrane und nordische Einflüsse spürbar – was auch die große Artenvielfalt erklärt. In dem grenzüberschreitenden Nationalpark kannst du dir auf Wander- und Radwegen sowie auf geführten Touren das Gebiet erschließen, das vor allem für seine Vogelbeobachtungsmöglichkeiten weltberühmt ist. Besonders im Frühjahr, wenn die Gänseküken schlüpfen und wenn die Großtrappenmännchen ihre spektakulären Balztänze zeigen, bei denen das Federkleid wie Popcorn aufquillt, sind auch die

INSIDER-TIPP
Schräge Vögel sichten

Orientierung am Ostufer: der Leuchtturm von Podersdorf am Neusiedler See

Schloss Esterházy: fürstlich wohnen in Eisenstadt

begeistert, die sonst mit den gefiederten Gesellen wenig am Hut haben *(April/Mai).*
Erste Anlaufstelle ist das *Besucherzentrum* in Ilmitz *(April–Okt. tgl. 8–17, Nov.–März Mo–Do 9–16, Fr 9–12 Uhr | Hauswiese | nationalparkneusiedlersee.at | ⏲ 1 Std.).*

ESSEN & TRINKEN

GASTHAUS ZUR DANKBARKEIT

Großer Auftritt für Produkte aus dem Seewinkel: Tomaten und Paprika in unübertroffener Vielfalt, Fleisch von Mangalicaschwein und Steppenrind sowie Weidegänse, Zander und andere Seefische werden hier wunderbar zubereitet und in schönem Ambiente kredenzt. *Do–So | Hauptstr. 39 | Podersdorf | Tel. 02177 22 23 | dankbarkeit.at | €€–€€€*

MOLE WEST

Hier ist pannonische Lebensfreude stylish verpackt. Interessante Küche, gute Weine, tolle Sonnenuntergänge. *April–Sept. tgl., im Winter Ruhetage | Seegelände 9 | Neusiedl am See | Tel. 0664 2 08 66 00 | molewest.at | €€*

SHOPPEN

Weinfans finden in Vinotheken oder direkt bei den Winzern eine große Auswahl an Rot- und Weißweinen zu moderaten Preisen. Gut sortiert ist das *Weinwerk Burgenland (April–Dez. tgl. 10.30–19 Uhr | Obere Hauptstr. 31 | Neusiedl am See | weinwerk-burgenland.at),* das auch Leckeres vom Bauern bietet, z.B. Wildschinken oder Mangalica-Blunzn (Blutwurst), außerdem Kunsthandwerk wie Blaudruck-Textilien.

Für Tomatenliebhaber führt kein Weg an *Erich Stekovics (Ende April/Mai tgl., Juni–Okt. Mo–Sa 10–17, Nov./Dez. Mi, Fr 13–17, Sa 10–17 Uhr | Frauenkirchen | stekovics.at)* vorbei. Er kultiviert auf seinen Feldern neben dem See ca. 150 verschiedene Tomatensorten, die er Jahr für Jahr aus seiner mehr als 3000 Sorten (!) umfassenden Samensammlung auswählt. Wer lange im Voraus reserviert, kann an einer Führung teilnehmen. Als Mitbringsel eignen sich Stekovics' Produkte am besten eingelegt im Glas – das ganze Jahr über im Hofladen erhältlich.

SPORT & SPASS

Baden, Segeln, Surfen und Kajakfahren – das Freizeitangebot am Wasser ist riesig. Wegen des breiten Schilfgürtels ist der Zugang aber auf die Strandbäder beschränkt. Die findest du in den Orten Illmitz, Podersdorf, Weiden, Neusiedl am See, Breitenbrunn, Rust und Mörbisch.

Zum Wandern ist die Region zu flach, dafür sehr schön zum Radfahren; auch wenn es durch den oft starken Wind ziemlich anstrengend werden kann. Perfekt ist das Terrain für Touren mit PS: Ausritte kannst du etwa im *Georgshof (Podersdorf | georgshof.at)* buchen, Kutschfahrten beim *Vinzenzhof Gangl (Illmitz | vinzenzhof-gangl.at)*.

INSIDER-TIPP **Über Stock und Stein brettern**

Ein einzigartiges und ziemlich spaßiges Erlebnis sind die Quadtouren, die offroad zu den schönsten Ausblicken über den See führen und auch in Kombination mit Wakeboarden gebucht werden können *(z. B. 2 Std. für Fahrer 89, Beifahrer 30 Euro | quadtouren-burgenland.at)*.

Zum Höhepunkt des Vogelzugs Mitte/Ende April bietet die *Pannonian Birdexperience (birdexperience.org)* Vogelkundlern ein breites Programm mit Exkursionen, Workshops und Messe.

RUND UM DEN NEUSIEDLER SEE

12 EISENSTADT

14 km von Rust entfernt, 20 Min. mit dem Auto

Die am Fuß des Leithagebirges gelegene Landeshauptstadt (15 200 Ew.) ist untrennbar mit den Namen Esterházy und Haydn verbunden. Das Eisenstädter *Schloss (Sept.–Juni Di–So 10–17, Juli/Aug. tgl. 10–18 Uhr | Eintritt 15 Euro | esterhazy.at | 1½ Std.)* ist Stammsitz der ungarischen Fürstendynastie Esterházy, der Kaiser Ferdinand II. 1622 die gesamte Stadt zum Geschenk machte. Das Schloss ist von einem schönen Park umgeben, die Innenausstattung prachtvoll. Besonders sehenswert: der nach dem österreichischen Komponisten Joseph Haydn (1732–1809) benannte Saal, wo er seiner Arbeit als Haus- und Hofmusiker des Fürstenhauses jahrzehntelang nachkam.

Das Wahrzeichen der schmucken Stadt ist aber die Bergkirche mit dem Kalvarienberg und dem Haydnmausoleum. *eisenstadt-tourismus.at* | Q4

STEIERMARK & KÄRNTEN

LEBENSLUST IM SONNIGEN SÜDEN

Südlich des Alpenhauptkamms ist das Klima dank mediterranem Einfluss mild und sonnig. Davon profitieren die Bundesländer Steiermark und Kärnten, deren höchste Berge von Gletschern gekrönt werden, während unten in der Ebene der Wein gedeiht. Zwischen den schroffen Alpengipfeln und den hügeligen Weinbergen im steirischen Süden liegen ein paar sanftere Höhenzüge mit dichten Wäldern. So ist der Wald ist das Wahrzeichen der Steiermark, deren Hauptstadt Graz die wohl angenehmste Destination des Lan-

Sieht fast aus wie die Toskana, ist aber die Steiermark mit ihren Weinbergen

des für einen Städtetrip. Ausführlich informiert der MARCO POLO Band „Steiermark". Kärnten, das südlichste der neun Bundesländer, ist für seine traumhaften Seen bekannt, die Wassertemperaturen von 25 Grad und mehr erreichen. Rund 200 davon stellen Wasserratten vor die Qual der Wahl, jeder See hat seine Besonderheiten. Allen gemein ist die Nähe zum nächsten Berg, was nicht nur für herrliche Panoramen sorgt, sondern auch für (sportliche) Abwechslung zwischen Bergtour und Badespaß. Mehr dazu im MARCO POLO Band „Kärnten".

STEIERMARK & KÄRNTEN

MARCO POLO HIGHLIGHTS

★ **ALTAUSSEE**
Glitzernde Salzkristalle unter der Erde, Spiegelungen auf dem See bei Sonnenlicht ➤ S. 108

★ **DACHSTEIN**
Hochalpine Bergwelt mit sensationellem Panorama und spektakulären Abgründen auch für Turnschuhtouristen ➤ S. 110

★ **GRAZ**
In der fußläufigen Altstadt erlebst du einen ganz entspannten Citytrip ➤ S. 110

★ **SÜDSTEIRISCHE WEINSTRASSE**
Toskanaflair verbreitet das Weinbaugebiet an der slowenischen Grenze ➤ S. 116

★ **HOCHOSTERWITZ**
Die malerische Burg auf einem 175 m hohen Dolomitfelsen bei Klagenfurt diente Disney-Filmen als Vorlage ➤ S. 120

★ **GROSSGLOCKNER HOCHALPENSTRASSE**
Langsame Annäherung in 36 Kehren an den höchsten Berg Österreichs und seinen Gletscher ➤ S. 123

Aussichtsreich: Die 6-Seen-Wanderung führt übers Hochplateau der Tauplitzalm

AUSSEER-LAND

(🕮 L5) **Das steirische Ausseerland mit seinem Hauptort Bad Aussee (5000 Ew.) ist ein eigener kleiner Mikrokosmos. Hier pflegt man einzigartige Traditionen und trägt authentische Trachten – mit großer Selbstverständlichkeit wird das „Damals" in den modernen Alltag integriert.**

Das Ausseerland nimmt den südlichen Teil des Salzkammerguts ein. Auch hier war es das Salz, das der Region einst zu Wohlstand verhalf – davon zeugen heute noch prächtige Bauten wie das Sgraffitohaus oder das Salinenspital in Bad Aussee.

Gegen Ende des 19. Jhs. kamen die Kurgäste und Sommerfrischler, ihre Villen verleihen der Region nostalgisches Flair. Heute kommt, wer sich in wilder Umgebung aus Fels und Wasser an einem Tag austoben, am anderen entspannen möchte.

ORTE IM AUSSEERLAND

1 ALTAUSSEE ★ ☂

Durch enge Stollen und über lange Rutschen geht es tief in den Berg hinein bis zum großen unterirdischen Salzsee, der mit einer opulenten Lichtshow inszeniert wird. Der Weg dorthin führt durch pures Steinsalz, das an den Wänden glitzert, schillert und glänzt – anfassen erlaubt! Seit dem 8. Jh. wird im Sandling bei Altaussee Salz abgebaut, im Zweiten Weltkrieg versteckte man hier Kunstschätze vor den Raubzügen der Nazis. *Salzwelten Altaussee (April–Okt. mehrmals tgl. Führungen, Dez.–März Mi Abendführungen | Eintritt 22 Euro | festes Schuhwerk und warme Kleidung mitnehmen | Lichtersberg 25 | salzwelten.at | ⏲ 1½ Std.)* Wieder im Freien führt der Weg zum glasklaren Altausseer See, der mit seiner malerischen Lage im hohen Bergesrund bei einem Wettstreit der schönsten Seen überhaupt ganz vorn mitmischen könnte. Je nach Temperatur empfiehlt sich ein Bad darin oder ein Spaziergang rundherum. *🕮 K5*

ESSEN & TRINKEN

BLAA ALM

Gasthof im Wald, wo Wildgerichte aus der eigenen Jagd oder fangfrische Saiblinge auf die Teller kommen. Serviert wird auf der Sonnenterrasse oder im Stüberl.

In der Schützenstube kannst du dich wie die Einheimischen im Armbrustschießen messen; Mi ab 19 Uhr Hüttenabend mit Musik. *Mi–So, Juli/Aug. auch Di | Lichtersberg 73 | Altaussee (Richtung Loser Panoramastraße) | Tel. 03622 7 11 02 | willkommeninaltaussee.at | €€*

KNÖDLALM

Traditionsgasthaus, Brennerei und Biobauernhof in einem. Hier serviert man Knödel entweder salzig mit Fleisch und Speck oder süß mit allerlei Obst gefüllt, außerdem Tagesspezialitäten wie Lammbraten oder Ofenrohrbradl (Schwein). Dazu gibt's hausgemachte Säfte und Schnäpse. *Do–Sa 18–20, So 13–15 Uhr | Knoppen 3 | Pichl-Kainisch | Tel. 03624 2 11 32 | urig.at | €*

SHOPPEN

In jeder zweiten Auslage im schmucken Zentrum von Bad Aussee wird Tracht und traditonsreiche Manufakturware angeboten; vieles ist direkt in der Region gefertigt, einiges davon in alter Handwerkskunst wie z. B. die Seidenhanddrucke von Sepp Wach *(Bahnhofstr. 108)*.

SPORT & SPASS/ WELLNESS

BADEN

Zur Entspannung bietet sich im Ausseerland natürlich das Baden an. Bei schönem Wetter im Altausseer See, Grundlsee oder Ödensee mit gepflegten öffentlich zugänglichen Badebereichen *(Parkgebühren ca. 6 Euro/Tag)*, ansonsten in der *Grimmingtherme (Bad Mitterndorf | grimming-therme.com)* oder im *Narzissenbad (Bad Aussee | vitalresort.at)*, beide mit Wellnessangebot.

WANDERN & RADFAHREN

Zu den schönsten Wandertouren der Region zählt die *6-Seen-Wanderung (15 km | 5–6 Std. | kürzere Varianten möglich | Ausgangspunkt Talstation Tauplitz | dietauplitz.com)* auf der Tauplitz, einem Seenhochplateau, das man mit dem Sessellift erreicht.

Für Mountainbiker: Die Raschbergrunde *(ab/bis Altaussee | 35 km | 1280 Höhenmeter | 5 Std.)* wartet mit traumhaften Panoramen auf.

FESTE

Zum Höhepunkt der Narzissenblüte im Mai/Juni steht das *Narzissenfest (narzissenfest.at)* auf dem Programm. Die Blüten werden zu riesigen Figuren gesteckt und in einem Bootskorso auf dem Altausseer See präsentiert.

RUND UM DAS AUSSEERLAND

2 DACHSTEIN ★

70 km von Bad Aussee bis Ramsau am Dachstein, 1¼ Std. mit dem Auto

Mit seinen 2995 m ist der Hohe Dachstein der höchste Gipfel des gleichnamigen Massivs. Allein die Auffahrt mit der Gondelbahn entlang der nahezu senkrechten Südwand ist ein atemberaubendes Erlebnis. Spektakulären Nervenkitzel nahe der Bergstation garantieren der *Skywalk,* die *Treppe ins Nichts* sowie die *Hängebrücke* jeweils über schwindelerregenden Abgründen. Im *Eispalast* gibt es eisige Kunstwerke im Gletscher zu bestaunen. Ein gut präparierter Weg führt in ca. 1 Std. zur Dachsteinwarte. *derdachstein.at | Talstation in Ramsau |* *K5*

3 STIFT ADMONT

65 km von Bad Aussee entfernt, 1 Std. mit dem Auto

Die Bibliothek der Benediktinerabtei ist die größte Stiftsbibliothek der Welt. Das Deckenfresko schuf Bartolomeo Altomonte. Heute macht das Stift u.a. mit Ausstellungen zeitgenössischer Kunst und einer modernen Klostererlebniswelt, die multimedial Einblicke ins Klosterleben gibt, auf sich aufmerksam. *April/Mai, Nov./Dez. Mi–So 10.30–15.30, Juni–Okt. tgl. 10–17 Uhr | Eintritt 16,50 Euro | stiftadmont.at | 2 Std.*

Admont liegt am Eingang zum Nationalpark Gesäuse. Hier hat sich die Enns ein Durchbruchstal mit bis zu 1800 m hohen Steilwänden gegraben.

INSIDER-TIPP **Wo es tost und rauscht**

Einen Eindruck von der spektakulären wilden Schluchtenlandschaft bekommst du im *Erlebniszentrum Weidendom (frei zugänglich | Au-Erlebnisweg direkt an der Enns | Krumau 62 | 10 Automin. von Admont entfernt | nationalpark-gesaeuse.at | 1½ Std.).* Das unablässige Donnern des Flusses erhält durch die hohen Bergwände rechts und links eine körperlich spürbare Resonanz. *M5*

GRAZ

(*O6–7*) In ★ Graz, der zweitgrößten Stadt Österreichs (294 000 Ew.), trifft historisches Erbe auf moderne Architektur, urbanes Flair auf provinzielle Gemütlichkeit.

Sightseeing lässt sich in der fußläufigen Innenstadt prima mit einkehren, entspannen und shoppen verbinden. Die charmante Stadt wird durch ihre südliche Lage, das milde Klima, prächtige Renaissancepalais und nicht zuletzt durch ihr junges, studentisches

Mach mal Pause: An Lokalen mit einladenden Tischen im Freien ist in Graz kein Mangel

Publikum geprägt. Die Altstadt zählt seit 1999 zum Unesco-Weltkulturerbe, denn sie umfasst den „größten mittelalterlichen Stadtkern im deutschsprachigen Raum". Hier und da schließt nahtlos die Moderne an, wie etwa mit der futuristischen Murinsel oder dem aufregenden Kunsthaus. Mit dem Schlossberg und dem Stadtpark gibt es zwei zentrale Grünanlagen, die viel zur Grazer Lebensqualität beitragen.

WOHIN ZUERST?

Der **Schlossberg** verschafft dir einen Überblick. Spazier anschließend gemütlich hinunter, und schon bist du mitten in der Stadtbesichtigung. Die Straßenbahnlinien 3 und 5 durchfahren Graz von Nord nach Süd und bringen dich direkt zum Schlossberglift. Da gibt's zwar auch eine Parkgarage, aber Graz ist klein, und du kannst das Auto getrost beim Hotel stehen lassen.

SIGHTSEEING

SCHLOSSBERG

Beherrscht wird der 473 m hohe Schlossberg vom Uhrturm, dem Grazer Wahrzeichen aus dem Jahr 1561, zugleich der am besten erhaltene Teil der ehemaligen Stadtfestung. Von hier aus hast du einen umwerfenden Blick auf die historische City und die rauschende Mur; der lauschige Garten ist unter jungen Grazern *der* Treffpunkt für ein romantisches Date. Rauf gelangst du zu Fuß, schneller geht's mit der Standseilbahn *(Talstation Kaiser-Franz-Josef-Kai)* oder am schnellsten mit dem Lift vom Schlossbergplatz aus.

U-Boot, Zeppelin, gestrandeter Wal? Das Kunsthaus ist auf jeden Fall ein Blickfang

DOM & MAUSOLEUM

Ein bisschen Kunstgeschichte darf auch in Graz sein: Die beiden zu einer baulichen Einheit verschmolzenen Hauptsehenswürdigkeiten der Stadt, Dom und Mausoleum, spannen einen Bogen von der Gotik über die Renaissance bis zum Barock. Eine mächtige Freitreppe führt hinauf zu diesem Ensemble, das auch von oben gesehen markant aus dem allgegenwärtigen Ziegelrot der Altstadt heraussticht. Das Landplagenbild von 1485 an der Südfassade des Doms zeigt plakativ Heuschrecken, Krieg und Pest, die im Mittelalter die Stadt heimsuchten – heute würde man hier wohl z. B. den Klimawandel darstellen. *Dom: tgl. | Eintritt frei | domgraz.at; Mausoleum: Di–So | Eintritt 6 Euro; Burggasse 3 |* ⏲ *1 Std.*

LANDHAUS

Der Mitte des 16. Jhs. von Domenico d'Allio geschaffene Renaissancebau ist mit den luftigen Laubengängen und dem dreistöckigen Arkadenhof das Architekturjuwel der Landeshauptstadt. Heute hält hier der steirische Landtag seine Sitzungen ab, abends gibt es im Hof häufig stimmungsvolle Konzerte. Das Rundbogentor beim Eingang Schmiedgasse stammt aus dem Jahr 1494. *Öffentlich zugänglich | Eingang Herrengasse 16*

JOANNEUM

Das Landesmuseum Joanneum war 1811 das erste öffentliche Museum Österreichs. Seine naturkundliche Sammlung ist das Herzstück des Joanneumsviertels in der Altstadt. 400 Mio. Jahre (steirische) Erdgeschichte auf zwei Ebenen warten – nimm dir reichlich Zeit dafür! *Di–So 10–18 Uhr | Eintritt 11 Euro | Joanneumsviertel | museum-joanneum.at | 3 Std.*

KUNSTHAUS

Das Kunsthaus am Murufer gilt als modernes Wahrzeichen von Graz. Vom Schlossberg aus betrachtet wirkt es wie ein gestrandeter Wal; seine Außenhaut besteht aus 1066 dunklen Acrylglasfenstern, was ihm den Beinamen „friendly alien" eingebracht hat. Wechselnde Ausstellungen zeitgenössischer Kunst sind hier zu bestaunen. *Di–So 10–18 Uhr | Eintritt 11 Euro, Kombiticket mit Joanneum 17 Euro | Lendkai 1 | kunsthausgraz.at | 2 Std.*

SCHLOSS EGGENBERG

Die einzigartige Architektur der Schlossanlage (1625) ist eine komplexe symbolische Darstellung des Universums. Beeindruckend ist der Planetensaal mit seinem Gemäldezyklus zum Thema Planeten, Tierkreise, Sternbilder und Elemente. Der großzügige Landschaftsgarten der Anlage ist toll zum Spazieren. *Schloss: Ende März–Okt. Di–So Führungen um 10, 11, 12, 14, 15, 16 Uhr | Eintritt 17 Euro (gilt für 24 Std. an allen Joanneumsstandorten); Park: tgl. | Eintritt 2 Euro | Eggenberger Allee (mit Straßenbahn Nr. 1) | museum-joanneum.at | 3 Std.*

ESSEN & TRINKEN

STAINZERBAUER

In einem der ältesten Lokale der Stadt kommt kreativ veredelte steirische Küche mit hochwertigen Biozutaten auf den Tisch. Auf der üppigen Weinkarte finden sich auch vegane Weine. Schöner Gastgarten im Renaissance-Innenhof. *Mi–So | Bürgergasse 4 | Tel. 0316 82 11 06 | stainzerbauer.at | €€*

OPERNCAFÉ

Seit 1861 wird hier Kaffeehauskultur betrieben, heute servieren Baristas Kaffee vom Feinsten. Im Promenaden-Gastgarten kann man sich das vielfältige Frühstück bis 15 Uhr schmecken lassen. Ab 11 Uhr gibt's zudem köstlich belegte Steinofenfladen, zu Mittag frisch gekochte Tagesteller und abends mediterrane Gerichte. *Tgl. | Opernring 22 | Tel. 0316 83 04 36 | operncafe.at | €*

DER STEIRER

Trendiges Restaurant, schicke Weinbar und moderne Verkaufstheke in einem. Es gibt klassische steirische Küche in frischer Aufmachung plus überraschende Kreationen. Wer sich nicht entscheiden kann, bestellt steirische Tapas – kleine Köstlichkeiten, von denen gleich mehrere im Magen Platz haben. *Tgl. | Belgiergasse 1 | Reservierung empfohlen: Tel. 0316 70 36 54 | der-steirer.at | €€*

INSIDER-TIPP
Die Karte rauf und runter probieren

SHOPPEN

Auf dem *Kaiser-Josef-Markt* hinter der Oper und dem *Bauernmarkt Lendplatz (beide Mo–Sa 6–13 Uhr)* werden frische Produkte aus der Region verkauft. Als Mitbringsel eignet sich vor allem das steirische Kürbiskernöl. Eine ähnliche Palette, nur deutlich schicker präsentiert, findest du in der *Vinofaktur vom Steirer (tgl. | Belgiergasse 1).*

SPORT & SPASS

Strandfeeling bringt der Sommer am *Murbeach (tgl. Mai–Mitte Sept. 10–22, April, Mitte Sept./Okt. 12–20 Uhr, nur bei Schönwetter | ab 14 Euro/Std. | Grilltermine siehe Homepage | Markartgasse 30 | murbeach.at)* nördlich der Altstadt. Hier sind drei Volleyballfelder aufgebaut, nach dem Baggern wird entspannt – die Stärkung brutzelt schon auf dem Grill.

Lieber die Wände hochgehen? In Österreichs größter ☂ *Boulderhalle (tgl. 10–22 Uhr | Eintritt ab 9,90 Euro | Triesterstr. 391 | boulderclub.at)* sind 12 000 Griffe zu Routen in unterschiedlichen Schwierigkeitsgraden gesteckt.

Oder raus in die Natur: Der Grazer Hausberg ist der Schöckl; mit der Gondelbahn geht's von St. Radegund auf fast 1500 m Seehöhe *(holding-graz.at/schoeckl)*, wo der Blick an schönen Tagen bis zum slowenischen Triglav-Gebirge reicht. Auf dem Plateau kannst du entspannt bis anspruchsvoll wandern, im *Motorikpark* balancieren, die Orientierungslaufstrecke in Angriff nehmen oder beim Disc-Golfen versuchen, die Frisbeescheibe im Korb zu versenken. Mountainbiker kommen rauf, um über die anspruchsvollen Trail- und Downhillstrecken wieder abzufahren *(Downhill- und Enduro-Bikeverleih an der Talstation)*. Weniger halsbrecherisch bringt dich die *Sommerrodelbahn Hexenexpress* ins Tal. An der Talstation der Schöcklbahn wartet noch ein *Klettergarten (kletterpark-schoeckl.at)*, in dem du dich über Seile, Reifen und wackelige Holzbrücken von Baum zu Baum hangeln kannst.

In der Adventszeit steht die stimmungsvolle *Grazer Winterwelt (grazerwinterwelt.at)* am Karmeliterplatz dem Eislaufvergnügen offen.

FESTE

Im Rahmen des Straßenkunstfestivals *La Strada (lastrada.at)* verwandelt sich die Grazer Innenstadt für einige Tage im Juli/August in eine Bühne für Artisten und Gaukler. Bei der *styriarte (styriarte.at)* im Juni/Juli gibt es klassische Musik, teilweise an ungewöhnlichen Spielstätten. Und der *Steierische Herbst (steirischerherbst.at)* im September/Oktober ist das wichtigste Avantgardekunstfestival des Landes.

AUSGEHEN & FEIERN

Die Grazer Ausgehszene ist bunt und vielfältig. Das trendige Nachtleben konzentriert sich in der Innenstadt zwischen Haupt-, Mehl-, Glockenspiel- und Freiheitsplatz. Bei einem gepflegten Glas Steirerwein im *Promenade (Erzherzog-Johann-Allee 1 | promenade.aiola.at)*, zu Jazzklängen im *Hello Josefine (Franziskanergasse 30 | Facebook)* oder bei einem Cocktail in der *Coco Bar (Sporgasse 4 | @cocobar.graz)* findet jeder was für seinen Geschmack.

SKYBAR GRAZ

Wer romantisch aufgelegt ist, fährt oder geht den Schlossberg hoch, wo die Skybar zum Sternegucken einlädt. *Am Schlossberg 7 | schlossberggraz.at*

Auf dem Gestüt Piber grasen Lipizzaner, die mal in die Spanische Hofreitschule kommen

RUND UM GRAZ

4 LIPIZZANERWELT PIBER

45 km von Graz entfernt, 1 Std. mit dem Auto

Seit 1920 ist das Bundesgestüt Piber die Heimat der Lipizzaner. Hier werden die berühmten weißen Hengste gezüchtet und aufgezogen, die anschließend in der Spanischen Hofreitschule in Wien ihr Können zeigen. Sie kommen dunkel zur Welt und werden erst später weiß – davon könnt ihr euch selbst auf den großen Weiden überzeugen, wo Stuten und Fohlen ihr unbeschwertes Sommerleben führen. *Gestütsbesichtigungen April–Okt. tgl. 9.30–17 Uhr, im Winter eingeschränkte Öffnungszeiten | Eintritt ab 16, Kinder ab 5 Euro | auch Führungen | Piber 1 | Köflach | piber.com | 2 Std. | N6*

5 SCHLOSS HERBERSTEIN

45 km von Graz entfernt, 1 Std. mit dem Auto

Schloss Herberstein gleicht mehr einer trutzigen Burg, die sich ganz in der Nähe des beliebten Stubenbergsees dramatisch in die enge Feistritzklamm zwängt. Das Schloss ist zwar in Privatbesitz und wird sogar noch bewohnt, trotzdem kann man es besichtigen. Sehenswert sind daneben noch die gepflegten historischen Gärten und ein großartiger *Zoo* mit 130 Tierarten aus aller Welt. *Schloss: Führungen Mitte März–Okt. tgl. 12, 13, 14 und 15 Uhr, im Winter Do–So 13 und 14 Uhr | Zoo: April–Okt. tgl. 10–17, Nov.–März Do–So 10–16 Uhr | Eintritt für Schloss bzw. Zoo je 18,50 Euro, Kinder 8,50 Euro | herberstein.co.at, tierwelt-herberstein.at | je 2 Std. | P6*

6 RIEGERSBURG

55 km von Graz entfernt, 1 Std. mit dem Auto

Die 850 Jahre alte *Festung (Mai–Sept. tgl. 9–18, April/Okt. ab 10 Uhr | Eintritt 21 Euro, Kinder 12,40 Euro | dieriegersburg.at | ⏲ 2 Std.)* thront als weithin sichtbares Wahrzeichen der Oststeiermark auf einem Vulkanfelsen. Ihre Geschichte ist eng mit der Verfolgung von Hexen verbunden *(Hexenmuseum)*. Besonders sehenswert ist der Rittersaal mit schönen Holzarbeiten. Nicht weit entfernt liegt die *Schokoladenmanufaktur Josef Zotter*, die ihre handgeschöpften Schokoträume fair trade erzeugt und darum ein großes Entertainment-Theater macht: Angeschlossen ist *Zotters Essbarer Tiergarten (Nov.–April Mo–Sa, Mai–Okt. tgl. 9–19 Uhr | Eintritt 16,90 Euro, Kinder ab 6,90 Euro | Anmeldung erforderlich | zotter.at | ⏲ 2 Std.)*, wo alte Landrassen wie Wollschweine oder Krainer Steinschafe ein artgerechtes Leben führen, bevor sie in der *Öko-Essbar (€–€€)* auf der Speisekarte landen. *📖 P7*

7 SÜDSTEIRISCHE WEINSTRASSE ★

50 km von Graz bis Gamlitz
1 Std. mit dem Auto

Diese Themenstraße liegt ganz im Süden an der Grenze zu Slowenien und ist ein Netz aus Straßen, Pfaden und winzigen Wegen, das Buschenschanken, Weinbergwanderungen, Hofläden, Winzerhotels und Gasthäuser miteinander verbindet. Ein guter Startpunkt ist *Gamlitz*, wo du dich in der *Touristeninformation (Mo–Fr, Mai–Okt. auch Sa | Marktplatz 41)* mit hilfreichen Infos versorgen lassen kannst. Von dort geht's dann weiter nach *Leutschach*. Auf dem Rückweg nimmst du den Abzweig nach *Langegg*, staunst über die sensationelle Weinkellerarchitektur und die eleganten Weine des Spitzenwinzers *Sabathi (Pössnitz 48 | sabathi.com)* und wirst nach wenigen Kilometern am *Pössnitzberg* mit einem grandiosen Rundumblick über die Hügellandschaft belohnt, die sehr an die Toskana erinnert. Abschließender Einkehrtipp (leckerer Strudel!): Buschenschank *Germuth (Mi–So ab 13 Uhr | Glanzer Kellerstr. 34 | €). suedsteirischeweinstrasse.com | 📖 O6–7*

KLAGENFURT

(📖 M8) **Das Zentrum der Kärntner Landeshauptstadt (103 000 Ew.) ist der großzügige Neue Platz mit stattlichen Bürgerhäusern und dem Lindwurmbrunnen im Mittelpunkt.** Der Alte Platz zwei Blocks weiter wird von eindrucksvollen Barockhäusern wie dem Alten Rathaus gesäumt, und in der verbindenden Kramergasse stehen Gebäude aus der Gründer- und Jugendstilzeit. Für einen Stadtspaziergang solltest du großzügig Zeit einplanen, denn die historischen Passagen und malerischen Innenhöfe laden zum Verweilen ein. Im Sommer findet das Leben am nahe gelegenen Wörthersee statt, der nahtlos an die Außenbezirke Klagenfurts anschließt.

SIGHTSEEING

LINDWURM-DENKMAL

Das Wahrzeichen von Klagenfurt am Neuen Platz entstand 1590. Als Vorbild für den Drachen galt der Schädel eines Wollhaarnashorns, der in der Nähe gefunden und zunächst für einen Drachenkopf gehalten wurde. Die Herkulesfigur und das Eisengitter wurden im 17. Jh. ergänzt.

Sa 10–16, Juli/Aug. bis 17 Uhr | Eintritt 4 Euro | Ursulinengasse 2 | ⏲ 45 Min.

STADTPFARRTURM

Die Aussichtsplattform in 50 m Höhe bietet einen schönen Rundumblick

Speit kein Feuer, sondern Wasser: Lindwurm-Denkmal am Neuen Platz in Klagenfurt

LANDHAUS

Kernstück des im 16. Jh. für die Landesstände errichteten, repräsentativen Baus mit zwei Treppentürmen und Arkadenhof ist der berühmte Wappensaal, in dem sich Künstler und Handwerker so richtig ausgetobt haben: Wände und Fensterbuchten sind mit 665 Wappen dicht bemalt, ein dreifarbiges Marmormuster überzieht elegant den Boden und an der Decke wird Kaiser Karl VI. vollformatig gehuldigt. Understatement sieht anders aus. *April–Okt. Mo–Sa, Nov.–März Di-*

auf die Altstadt zu Füßen sowie Wörthersee, Karawanken und Koralpe im Hintergrund. In der alten Türmerwohnung kannst du dazu ein wenig Geschichte konsumieren. Der Turm gehört zur ältesten Kirche Klagenfurts, der Stadtpfarrkirche St. Egid, die neben dem üblichen barocken Brimborium mit einer modernen Besonderheit aufwartet: Der Maler Ernst Fuchs gestaltete die Werktagskapelle ab den 1990ern im Stil der Wiener Schule des Phantastischen Realismus neu. *Turm: April/Mai, Sept./Okt. Mi–Fr 13–18, Sa*

Auf dem 850 m hohen Pyramidenkogel gibt's das volle Wörthersee-Panorama

11–15, Juni–Aug. Mi–Fr 11–13 und 14–18, Sa 11–14 Uhr | Eintritt 6 Euro | Kapellenführungen April–Nov. Do–Sa 11.30 Uhr | Beitrag 5 Euro | Pfarrplatz 7 | ⏲ 45 Min.

ESSEN & TRINKEN

RESTAURANT MARIA LORETTO

Hochwertige Alpen-Adria-Küche direkt am See – da kommt Mittelmeerfeeling auf! Gemüse und Kräuter stammen aus dem eigenen Garten, für die frischen Fische gibt's ein großes Wasserbecken. *Juni–Aug., Dez. tgl., sonst Mi–Mo | Lorettoweg 54 | Tel. 0463 2 44 65 | restaurant-maria-loretto.at | €€*

DER HÖHENWIRT

Der Blick vom Pyramidenkogel über den Wörthersee ist atemberaubend. Es zahlt sich allein schon deswegen aus, den 13 km langen Weg nach Keutschach zu fahren *(Aussichtswarte tgl. | Eintritt 15 Euro | pyramidenkogel.info)*. Knapp unterhalb der Warte kannst du dann beim Höhenwirt in liebevoll gestaltetem Rahmen frische Küche mit heimischen Zutaten genießen. Pilze z. B. pflückt der Chef höchstpersönlich im Wald. *Mai–Mitte Sept. Do–So | Höhe 4 | Keutschach am See | Tel. 04273 23 28 | hoehenwirt.at | €€*

SHOPPEN

In der Altstadt ist gut Bummeln. Kunsthandwerksläden, Boutiquen, Pafümerien und edle Warenhäuser laden zu einer autofreien Shoppingtour. Schau unbedingt auch in die Passagen und Innenhöfe!

SPORT & SPASS

MINIMUNDUS

„Die große Welt im Kleinen" zeigt 165 Modelle der schönsten Bauwerke aus fünf Kontinenten – vom Eiffelturm bis zur Oper von Sydney. *Mai/Juni, Sept. tgl. 9–19, Juli/Aug. bis 22, April, Okt. bis 18 Uhr | Eintritt 19,50 Euro, Kinder 9 Euro | Villacher Str. 241 | minimundus.at | ⏲ 2½ Std.*

RADFAHREN & WANDERN

Klagenfurt endet dort, wo der Wörthersee beginnt. Radler können ihn auf dem R4 umrunden (am Südufer teilweise auf der Straße), für die rund 40 km lange Strecke sollte man etwa viereinhalb Stunden einplanen. Wanderer werden auf stilleren Pfaden geführt, der Weg rund um den See ist 55 km lang und durch die Öffis auch gut in einzelne Etappen einteilbar.

WASSERSPORT AM WÖRTHERSEE

Wo sich Gustav Mahler beim Komponieren inspirieren ließ, wo Jahrzehnte später viele Filme gedreht und Schnulzen komponiert wurden, zeigen heute Beachvolleyballer ihre definierten Körper. Im Sommer erreicht der Wörthersee schon mal Temperaturen von bis zu 28 Grad, und so steht Wassersport ganz hoch im Kurs. In der Stadt allein gibt es gleich drei Strandbäder: das ganz große *Strandbad Klagenfurt* am Europapark, das *Strandbad Maiernigg* und das *Strandbad Maria Loretto* auf der gleichnamigen kleinen Halbinsel. Im Strandbad Maiernigg ist Stand-up-Paddeln, Wasserskifahren, Wakeboarden und Tretbootfahren möglich. Rund um den See befinden sich zahlreiche weitere Wassersportstationen, die dazu auch noch Segeln, Surfen und Parasailing im Programm haben. Beachvolleyballplätze stehen im großen *Strandbad Klagenfurt* und im *Europapark* kostenfrei zur Verfügung.

YOGA

INSIDER-TIPP
Namaste am See

Am Wörthersee setzt man stark auf Yoga. Jederzeit frei zugänglich ist der Yogatrail durch den wildromantischen Teufelsgraben bei Velden *(25 km von Klagenfurt entfernt)*. Durch ein Viadukt tritt man ein, die Stationen bieten den Aufbau und die Abfolge einer klassischen Yogastunde mit Körper-, Atem- und Achtsamkeitsübungen. Darüber hinaus gibt es regelmäßige Yogakurse und -events. *yoga.woerthersee.com*

FESTE

An einem Wochenende im Juli steigt im Goethepark das kunterbunte *Bodypainting-Festival (bodypainting-festival.com)*. Dann gibt's partymäßig auch was auf die Ohren. Andere Töne schlägt man bei der *Starnacht am Wörthersee (im Juli | starnacht.tv)* an: Schlager nämlich.

AUSGEHEN & FEIERN

Viel Nachtleben spielt sich rund um den Wörthersee ab, wo das *Casino* in Velden Mittelpunkt des Society-Treibens ist. Romantische Gemüter treffen sich in der entspannten *Lido Lounge (Friedelstrand 1 | Facebook)* direkt am Wasser. In der Innenstadt selbst gönnt man sich im *Café am Platz (Neuer Platz 9 | Facebook)* ein Glas Champagner oder Prosecco in der *Bar Italia (Alter Platz 33 | bar-italia.at)*.

RUND UM KLAGENFURT

8 HOCHOSTERWITZ ★

20 km von Klagenfurt entfernt, 20 Min. mit dem Auto

Walt Disney war von dieser Festung so beeindruckt, dass er sie als Vorbild für seine Märchencomics verwendete. Wenn sie bei der Anreise das erste Mal in Sicht kommt, ist es dann auch, als wäre man in der Zeit der Ritter gelandet. Rund 175 m ragt der Kalkfelsen aus dem Tal, die weitläufige Burg krönt ihn mit ihren wuchtigen Mauern, Türmchen und Zinnen. Hinauf führt ein Lift, oder aber du nimmst den in Spiralen angelegten Burgweg, den 14 Tore bewachen – hier wird schnell klar, warum die Festung lange Zeit als uneinnehmbar galt. Der Fernblick von oben ist natürlich herrlich. Das Burginnere kannst du besichtigen, besonders eindrucksvoll sind Rüst- und Waffenkammer bestückt, und auch die Gemäldegalerie ist interessant. Die Burganlage in ihrer heutigen Form datiert im Wesentlichen aufs 16. Jh., seit damals ist sie im Besitz der Familie Khevenhüller. *Juni–Aug. tgl. 9–18, April/Mai, Sept./Okt. 10–17 Uhr | Eintritt 17 Euro | burg-hochosterwitz.com | ⏲ 3 Std.*

Verpass es nicht, im Anschluss noch einen Stopp im nahen Städtchen St. Veit an der Glan einzulegen. Der 200 m

Märchenhaft wie im Film thront die Burg Hochosterwitz auf dem Felsen

lange und 30 m breite Hauptplatz dort wartet mit lauschigen Caféterrassen in einem der schönsten städtebaulichen Ensembles des Mittelalters auf. *M7*

9 FRIESACH

40 km von Klagenfurt entfernt, 35 Min. mit dem Auto

In der ältesten Stadt Kärntens wird das Mittelalter lebendig! Stadtmauer, ein wassergefüllter Stadtgraben und eine Burgruine dienen als Kulissen für ein spannendes Experiment: Hier versuchen Wissenschaftler mit mittelalterlichen Methoden, nur aus Holz, Sand, Stein und Kalk eine „alte" Burg zu bauen *(Baustellenführungen April–Okt. mehrmals tgl. außer Mo | 12 Euro | burgbau.at | 1½ Std.).* Nach dieser Reise weit zurück in die Zeit kannst du im nahen *Porsche Automuseum (Do–Sa 10–20, So 10–15 Uhr | Eintritt 6 Euro | im Iris Porsche Landhotel | Marktplatz 6 | St. Salvator | 1 Std.)* über die jüngere Vergangenheit staunen. *friesach.gv.at | M7*

VILLACH

(L8) **Kärntens zweitgrößte Stadt (64 000 Ew.) wurde als wichtiger Verkehrsknotenpunkt im Zweiten Weltkrieg stark zerstört.**

Von der alten Stadt ist deshalb mit Ausnahme einiger Bürgerhäuser am Hauptplatz nicht mehr viel zu sehen. Aber nach Villach kommt man ohnehin eher der Freizeit wegen: Die Stadt an den Ufern der Drau grenzt im Norden an den Ossiacher und im Süden an den Faaker See – neben dem auf der Hand liegenden Badevergnügen macht hier auch Radfahren viel Spaß.

SIGHTSEEING

AUTOMUSEUM TAF-TIMER

Vom Oldtimer bis zum kultigen Alltagsauto vergangener Jahrzehnte, vom Rallyecar bis zum Kinderauto: Technikfans sind hier im siebten Himmel. *Juni–Sept. Mo–Sa, Okt.–Mai Mo–Fr 10.30–16.30 Uhr | Eintritt 13 Euro | Udinestraße 43 | automuseum-villach.at | 1 Std.*

ESSEN & TRINKEN

RESTAURANT CHARLES

Die Speisekarte im schicken Charles (des Hotels *Palais26*) ist eher klein geraten – ein gutes Zeichen für die Frische der angebotenen Speisen. Die Einkehr hier ist eine gute Gelegenheit, das Kärntner Nationalgericht Kasnudeln zu probieren. *Mo–Fr | Hauptplatz 26 | Tel. 04242 2 61 01 | palais26.at | €€*

INSIDER-TIPP **Aus Omas Kochbuch**

SPORT & SPASS

BERGWANDERN

Der Hausberg der Villacher ist der *Dobratsch* (2167 m). Einen guten Teil der Höhenmeter sparst du dir beim Anstieg, wenn du die Mautstraße nimmst *(19,50 Euro bis zum Parkplatz Rosstratte auf 1732 m)* – inklusive wunderbarer Vorab-Aussichten und alpinem Garten. Verschiedene Wanderwege führen bis zum Gipfel *(ca. 1½ Std.)* und durchs weitläufige Almengebiet.

Ähnlich aussichtsreich und wanderbar ist die *Gerlitzen* (1911 m) am Ossiacher See mit kleinem *Funpark*. Hinauf bringen dich Kanzel- und Gipfelbahn, die im Winter ein Skigebiet erschließen *(Berg- und Talfahrt ab 28 Euro)*.

RADFAHREN

Villach liegt direkt am *Gailtal-* und am *Drau-Radweg*.

Radbusse bringen dich, je nach Wochentag, nach Spittal und ins Rosental (Drau) bzw. nach Hermagor (Gail), und du kannst ganz gemütlich entlang des jeweiligen Radwegs im eigenen Tempo zurückfahren.

So richtig sportlich gestaltet sich das Biken in den Bergen – zahlreiche Trails, plus das Übungsgelände *Area-one* umfasst das Mountainbike-Angebot. Herausgefordert werden um Villach aber auch Rennradfahrer, die hier drei Strecken zur Auswahl haben, darunter die WM-Strecke von 1987 und die Dreiländer-Tour. *Infos: lake.bike*

WASSERSPORT

Dank der Lage Villachs kannst du dich jeden Tag für eine andere Badewanne entscheiden: heute am *Ossiacher See* eintauchen, morgen am *Faaker See* die Füße ins Wasser halten und wieder einen Tag später zentral auf Stadtgebiet in den *Vassacher See*, den *Magdalenen-* oder den *Silbersee* hüpfen. Neben Schwimmen kannst du dir auch Surfen, Wasserski- oder Kajakfahren vornehmen. Sogar an Regentagen empfiehlt sich das Badeoutfit, denn dann heißt es ab in die moderne ☂ *Kärntentherme (kaerntentherme.at)*.

RUND UM VILLACH

10 MILLSTÄTTER SEE

50 km von Villach bis Millstatt, 45 Min. mit dem Auto

Der zweitgrößte See Kärntens ist 12 km lang und liegt eingebettet zwischen Nocken, wie die Berge hier heißen, weil ihre Gipfel so sanft gerundet sind. Mehrere Weitwanderwege kreuzen sich oben am *Granattor*, wo sich ein herrlicher Blick auf die waldreiche Landschaft auftut, in der das dunkle Seewasser funkelt. Das Tor selbst ist ein mächtiger Durchgang, gestaltet aus Eisen und roten Granatsteinen. Am leichtesten ist dieser Blickpunkt von der Lammersdorfer Hütte aus zu erreichen *(Mautstraße 8 Euro)*; die Rundtour führt auf über 2000 m Seehöhe über das Lammersdorfer Almkreuz und Stana-Mandl zum Granattor und über die Ortner Hütte wieder zurück *(8,3 km | 546 Höhenmeter | 3½–4 Std.)*. Unten am See ist, na klar, Wassersport angesagt: baden, rudern, surfen, Wasserski fahren, wakeboarden ... *millstaettersee.com* | *K7*

11 NATURARENA WEISSENSEE

70 km von Villach entfernt, 1¼ Std. mit dem Auto

Auf 930 m Höhe liegt der reinste Badesee der Alpen, dessen türkisblaues Wasser bis zu 24 Grad warm wird. Zwei Drittel des Seeufers sind unverbaut, Motorboote verpönt – die Region ist EU-Preisträgerin für Tourismus und Umwelt. Baden, Surfen, Tauchen,

Kanufahren, Wandern, Laufen, Nordic Walking, Mountainbiken: Das alles geht hier. Jeder Gastgeber am Weissensee bietet außerdem einen hauseigenen Badestrand an. Im Winter kann man erstklassig eislaufen.

Weit weg von großen Städten zeigt sich hier auch der Himmel besonders klar. **INSIDER-TIPP Milchstraße voraus** Zwischen Juni und September werden nächtliche „Sternlan schauen"-Wanderungen in Begleitung eines Naturpark-Rangers angeboten *(Kosten 14 Euro | Anmeldung bei der Gästeinfo: Tel. 04713 2 22 00 | 4 Std.). weissensee.com | K8*

12 GROSSGLOCKNER HOCHALPENSTRASSE ★

125 km von Villach bis Heiligenblut, 1½–2 Std. mit dem Auto

Das Dorf Heiligenblut zählt zu den am meisten fotografierten in ganz Österreich: schlanker Kirchturm vor vergletschertem Berg. Der Berg ist der Großglockner, mit 3798 m der höchste des Landes. Bis an den Fuß seines (immer weiter schmelzenden und schrumpfenden) Gletschers Pasterze führt von hier aus die Hochalpenstraße, die zu den technischen Wundern ihrer Zeit zählte, als sie 1935 freigegeben wurde. In ihrer gesamten Länge als Passstraße bis hinüber in den Salzburger Pinzgau zählt sie 48 km, 36 Kehren und einen Höhenanstieg bis auf 2504 m plus Ausblick auf sechzig 3000er. Unterwegs durchquert man die einzigartige Gebirgswelt des Nationalparks Hohe Tauern mit blühenden Almwiesen, mächtigen Felsen und ewigem Eis, mit Murmeltieren und Steinböcken. An zwölf Stationen gibt's Panoramablicke, Naturlehrpfade, Ausstellungen, Spielplätze und Wasserfälle zu erleben. Der krönende Abschluss ist die Aussichtsplattform auf der *Kaiser-Franz-Josefs-Höhe* (2369 m), von wo auch ein Fußweg hinunter an den Gletscher führt. *Wintersperre ca. Nov.–Mai | 40 Euro pro Pkw, 32 für E-Autos | grossglockner.at | J7*

Badestrand mit Bergnock-Kulisse: am Millstätter See bei Döbriach

ERLEBNIS TOUREN

Lust, die Besonderheiten der Region zu entdecken? Dann sind die Erlebnistouren genau das Richtige für dich! Ganz einfach wird es mit der MARCO POLO Touren-App: Die Tour über den QR-Code aufs Smartphone laden – und auch offline die perfekte Orientierung haben.

1 GENUSSREISE IM BREGENZERWALD

- Moderner Holzarchitektur und traditionellem Bergkäse auf der Spur
- Kosmetik aus Ziegenmolke ausprobieren
- Wanderung zu den schönsten Sennalpen

Riefensberg

Schoppernau

→ 80 km

3 Tage,
reine Fahrzeit 2 Std.

Mitnehmen: Outdoorausrüstung (Schuhe, Regenjacke, Rucksack) für leichte Wanderung (3 Std.)
Spa-Anwendung im Hotel Post in 6 **Bezau** vorab buchen.
Mehr zu Käsebetrieben, Architektur, Wanderungen: *kaesestrasse.at*, Infos zur Region: *bregenzerwald.at*

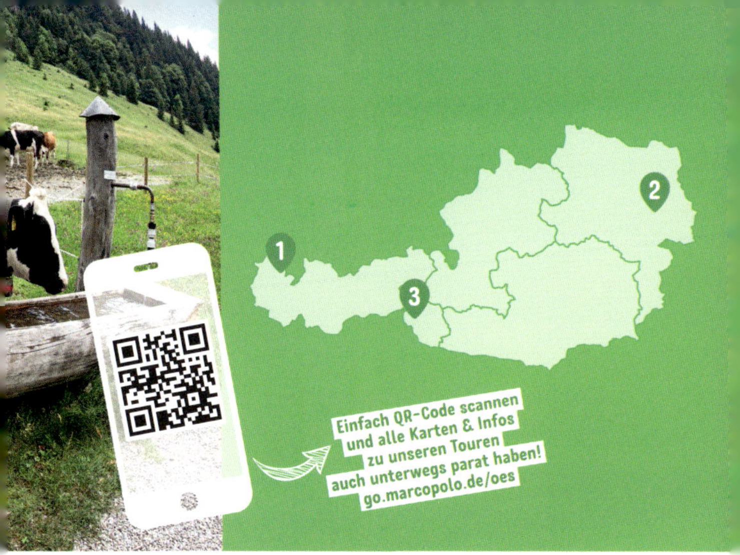

1
2
3
Einfach QR-Code scannen
und alle Karten & Infos
zu unseren Touren
auch unterwegs parat haben!
go.marcopolo.de/oes

Echte Alpenländerinnen: Erna, Berta und Co. sind im Bregenzerwald zu Hause

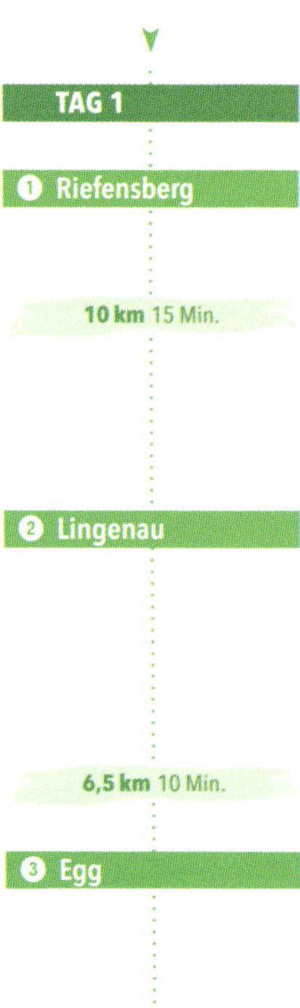

WO DER KÄSEROBOTER AM WERK IST

Juppe nennt man die traditionelle Bregenzerwälder Tracht aus schwarzer Glanzleinwand, mehr dazu erzählt und zeigt man dir in ❶ **Riefensberg** in der **Juppenwerkstatt** *(Mai–Okt. Di, Fr 10–12 und Fr 14–16 Uhr, Führung Sa und jeden 1. So im Monat 10 Uhr | Eintritt 5, Führung 12 Euro | juppenwerkstatt.at)*. Die ehemalige Tenne, in der sich die Werkstatt befindet, ist selbst schon sehenswert. Sie gibt einen Vorgeschmack auf die moderne Holzarchitektur, für die der Bregenzerwald ebenso bekannt ist wie für seinen Käse. Dem ist die zweite Station in ❷ **Lingenau** gewidmet: Der **Käsekeller** *(Mo–Fr 10–18, Sa 9–17 Uhr | kaesekeller.at)* ist untergebracht in einem Baukörper aus Sichtbeton. Hier kannst du einem Roboter bei der Käsepflege zusehen und aromatischen Bergkäse kaufen, der im Bregenzerwald ausschließlich aus silofreiem Futter, sogenannter Heumilch, erzeugt wird.

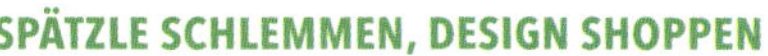

SPÄTZLE SCHLEMMEN, DESIGN SHOPPEN

Nach weiteren 6 km bist du in ❸ **Egg**, wo Ingo Metzler tolle naturbelassene Kosmetikprodukte aus Ziegenmolke herstellt und in seinem **Hofladen** *(Mo–Sa 8–12 und Mo–Fr 13.30–18 Uhr | molkeprodukte.com)* verkauft. Danach ist es Zeit für ein herzhaftes spätes Mit-

TAG 1

❶ **Riefensberg**

10 km 15 Min.

❷ **Lingenau**

6,5 km 10 Min.

❸ **Egg**

8 km 15 Min.

❹ Andelsbuch

5,5 km 10 Min.

❺ Schwarzenberg

tagessen im **Gasthaus Tonele** *(Mo–Mi und Fr/Sa ab 16, So ab 10 Uhr, Reservierung empfohlen | Tel. 05512 2327 | €)*, der für seine grandiosen Käsespätzle bekannt ist. Oder aber du fährst gleich weiter nach ❹ **Andelsbuch**, wo im **Werkraumhaus** ➤ S. 47 die ganze Handwerkstradition des Bregenzerwalds modern präsentiert wird. Den Tag beschließt du in ❺ **Schwarzenberg**, einem der schönsten Holzdörfer überhaupt. Stilecht wohnst du hier im **Gasthof Hirschen** *(hirschenschwarzenberg.at)*, der bereits stolze 250 Jahre auf dem Buckel hat und wo du sehr gut essen *(€€€)* kannst.

TAG 2-3

7 km 10 Min.

❻ Bezau

13 km 30 Min.

❼ Schönenbach

30 km 45 Min.

❽ Schoppernau

SPA-ERHOLUNG FÜR WANDERERWADEN

Am nächsten Tag sind die Wege noch kürzer, bereits nach 7 km kommst du in ❻ **Bezau** an und mietest dich im **Hotel Post** *(hotelpostbezau.com)* ein. *Fahr nach dem Einchecken gleich weiter nach* ❼ **Schönenbach**, wo du die Wanderschuhe schnürst. *Die als „Ostergunten-Rundweg" ausgeschilderte Wanderung führt in 3½ Stunden* zu herrlich gelegenen Sennalpen. Hungrig nach der Tour? Dann kehr im **Jagdgasthaus Egender** *(Mi–So | Tel. 05514 2 88 88 | jagdgasthaus-egender.at | €)* in Schönenbach ein. Danach fährst du zurück ins Hotel und gönnst dir zum Abschluss des Tages eine Duo-Destress-Anwendung im Spa des Hotels *(Kosten rund 280 Euro | vorab buchen!)*.

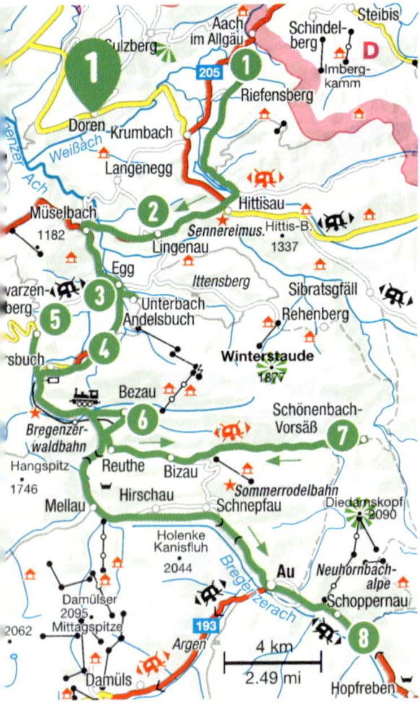

WIEDER WAS GELERNT

Der letzte Tag führt in den hinteren Teil des Bregenzerwalds nach ❽ **Schoppernau**. Hier besuchst du das **Franz Michael Felder Museum** *(Mo 16–18, Do 9–11, Fr 17–19, So 9.30–11.30 Uhr | Eintritt frei)*, das dem heimischen Literaten, Volksbildner und Sozialreformer des 19. Jhs. gewidmet ist. Beschließ die Genussreise im **Wirtshaus Gämsle** *(Do–Di ab 17 Uhr | gaemsle.at | €€)*. Dort kannst du auch gut wohnen, falls du länger bleiben möchtest.

2 RADTOUR IM DONAU-GRENZLAND

- Abwechselnd Natur genießen und Kultur erleben
- Zu Störchen und Bienenfressern in die Auwälder
- Einen Abstecher zum Nachbarn nach Bratislava machen

Wien

Wien

rund 165 km (davon 15 km U-/S-Bahn)

4 Tage, reine Fahrzeit ca. 12 Std.

Mitnehmen: Personalausweis für den Grenzübertritt in die Slowakei; Badesachen

Fahrradverleih *(E-Bike-Miete 70 Euro | fahrradverleih.at)* in **1 Wien** nahe der U1-Station Kaisermühlen an der Neuen Donau. Wenn du mit dem Auto und eigenen Rädern unterwegs bist, parke bei der Bahnstation in Deutsch Wagram, die du am Ende der Tour wie unten gleich anfangs beschrieben wieder erreichst. Infos: *donau.com*

MIT VITAMIN C ZUM BAROCKSCHLOSS

Bevor du losradeln kannst, steig in 1 Wien ➤ S. 91 mit dem Leihrad an der Station Kaisermühlen in die U1, fahr bis Leopoldau und weiter mit der S1 nach Deutsch Wagram. Ab hier rollst du durch Österreichs Gemüsegarten, das flache Marchfeld nördlich der Donau. Der „Marchfeldkanal Radweg", *dem du bis Schloss Hof folgst,* wird gesäumt von Feldern. Berühmt ist das Marchfeld für Spargel und Erdbeeren, beides bekommt man zur Saison supergünstig unterwegs in den Wirtshäusern bzw. direkt ab Hof. *Mach bei Markgrafneusiedl einen Schlenker nach* 2 Glinzendorf, wo du im Hofladen des Biohofs Adamah *(Mo–Fr 9–18.30, Sa bis 16 Uhr | adamah.at)* Obst und belegte Brote erstehen und sie dir im Schatten des Nussbaums im Garten schmecken lassen kannst.

Danach ist es bloß noch ein kurzer Weg zum barocken Schloss Hof in 3 Schlosshof *(tgl. 10–18 Uhr | Eintritt 21 Euro | schlosshof.at | 2 Std.).* Das einstige kaiserliche

In der Römerstadt Carnuntum geht die Reise zurück in die Antike

Festschloss ist ein 1a renoviertes barockes Gesamtkunstwerk aus Schloss und terrassiertem Park – ursprünglich wurde es als Jagdschloss erbaut. Nach dem Besuch geht's zum Abendessen und Übernachten in den Gasthof Prinz Eugen *(gasthofprinzeugen.at).*

TAG 2

9 km 40 Min.

❹ Storchenkolonie von Marchegg

25 km 1½ Std.

❺ Bratislava

17 km 1¼ Std.

❻ Hainburg

Am nächsten Morgen machst du (wenn du zwischen März und August unterwegs bist) erst mal einen Abstecher zur ❹ Storchenkolonie von Marchegg, wo bis zu 70 Störche in abgestorbenen Bäumen ihre Jungen aufziehen *(18 km hin und zurück, Wegweiser „Kamp-Thaya-Marchradweg"). Wieder zurück in Schlosshof setzt du die Tour fort, die dich über die Marchbrücke rüber in die Slowakei bringt. Ab hier den Schildern „Carnuntum-Schloss Hof-Bratislava Tour" folgen.* Genieß das kurze Stück durch die weitgehend naturbelassenen Marchauen bis zur Mündung der March in die Donau. Mach mal Pause und halte Ausschau nach den bunt gefiederten Bienenfressern, die hier in den sandigen Abhängen nisten und spektakuläre Flüge hinlegen.

INSIDER-TIPP
Flugshow mit viel Kreisch

HALLO SLOWAKEI

An der Mündung verlässt du die einsamen Gefilde Richtung ❺ Bratislava. Dort angekommen, erlebst du in der schmucken Altstadt in einem der netten Cafés die slowakische Lebensart. *Später geht's über den Donauradweg ohne Umwege nach* ❻ Hainburg *(feste-hainburg.at)*, wo du im historischen Alten Kloster *(alteskloster.at)* ein stylishes Zimmer beziehst. Auf Wunsch wirst du hier auch bewirtet.

TAG 3

DAS RAD DER ZEIT ZURÜCKDREHEN

Der nächste Tag beginnt mit einem Spaziergang durch die mittelalterlich geprägte Stadt. Steig auch hoch zum Schlossberg und schau dir deine Radtour aus der Vogelperspektive an. Danach geht es im Sattel weiter zur Besichtigung des original rekonstruierten Römischen Stadtviertels 7 **Carnuntum in Petronell** *(Mitte März–Mitte Nov. tgl. 9–17 Uhr | Eintritt 13 Euro | carnuntum.at | 2 Std.)*. Die Ausgrabungen sind die bedeutendsten aus der Römerzeit in Österreich.

12 km 1¾ Std.

7 Carnuntum in Petronell

13,5 km 45 Min.

EIN NACHMITTAG AN DER DONAU

Bei Haslau tauchst du ein in den 8 **Nationalpark Donauauen**, *dem du bis knapp vor Ende der Tour treu bleibst.* Das weitere Tagesprogramm ist entspannt: Baden am Donaustrand neben der Fährstation, Überfahrt *(April–Okt. tgl. 9–18 Uhr)* zum und Einkehr im traditionsreichen **Uferhaus** *(Mai–Sept. Do–Di, Okt., Feb.–April Do–Mo | uferhaus.at | €€)* neben der Anlegestation mit herrlicher Terrasse im Auwald. Es gibt köstlichen Flussfisch aus nachhaltiger Zucht. *Von hier aus sind es dann noch gut 3 km nach* 9 **Orth** und zur dortigen Unterkunft, der **Pension Schlossblick** *(pension-schlossblick.com)*.

8 Nationalpark Donauauen

3 km 15 Min.

9 Orth

Am letzten Tag besuchst du das **Nationalparkzentrum Schloss Orth** *(Ende März–Sept. tgl. 9–18, Okt. bis 17 Uhr | Eintritt 12 Euro | donauauen.at)*. Besonders das Freigelände mit tierischen Bewohnern der Au und einer Unterwasser-Beobachtungsstation macht hier viel Spaß. *Wieder auf dem Donauradweg radelst du zurück nach* 1 **Wien**, *wo du den Nationalpark über die Lobau verlässt.*

TAG 4

30 km 1¾ Std.

1 Wien

③ HÜTTENTREKKING IM NATIONALPARK

- Mit dem Rucksack in die hochalpinen Regionen der Hohen Tauern
- Berge und Gletscher in aller Stille
- Ein Bergfrühstück als ewige Urlaubserinnerung

Hinterbichl/Prägraten — Hinterbichl/Prägraten

36 km — 3 Tage, reine Gehzeit ca. 17 Std.

hoch — 2300 m

Mitnehmen: Wanderausrüstung inkl. Karte (Kompass WK 46), Stock, Sonnen- und Regenschutz, Schlafsack

Die Tour ist nur von Mitte Juni bis Sept. und bei Schönwetter machbar! Lade dir die Notfall-App der Tiroler Bergrettung aufs Handy. Übersicht samt Hüttenbeschreibungen: *virgentaler-huetten.at* unter „Lasörling Höhenweg", Infos zur Region: *virgental.at*

TAG 1

① Hinterbichl/ Prägraten

6 km 2½ Std.

② Bergerseehütte

5,5 km 2½ Std.

③ Lasnitzenhütte

TAG 2

SCHWERER ANFANG, GESCHMACKVOLLES ENDE

Die meiste Kondition braucht es gleich am Anfang, denn du musst vom Tal hinauf in die Höhe. *Nimm dazu den direkten Weg (Nr. 312) von* **① Hinterbichl/Prägraten** *(1312 m) durchs romantische, von Alprosenhängen gesäumte Zopanitzental zur* **② Bergerseehütte** *(2182 m)*, die du nach etwa 2 ½ Stunden erreichst. Mach eine Rast am See – beim Kneippen werden müde Beine schnell wieder munter. Danach geht es *über den Muhs-Panoramaweg (Weg 912) zur Lasnitzenhütte.* Unterwegs genießt du einmalige Ausblicke auf die Gletscher- und Bergwelt der Großvenediger-, Großglockner- und Lasörling-Gruppe, untermalt von den schrillen Pfiffen der Murmeltiere. In der **③ Lasnitzenhütte** *(1900 m | ca. 2½ Std. | Tel. 04877 52 67)* beziehst du Quartier. Probier unbedingt auch den hier selbst produzierten Käse!

Der nächste Morgen wird dich sprachlos machen: Ein Bergfrühstück im goldenen Licht der aufgehenden Sonne, ringsum nichts als Natur, ist unvergesslich! Danach ist Kondition gefragt: *Über die Micheltalscharte und die Rote Lenke (Weg 314 bzw. 312) gelangst du in rund fünf Stunden zur* ❹ **Neuen Reichenberger Hütte** *(2586 m | Tel. 04873 5580 | alpenverein.at/reichenberg)*, dem heutigen Tagesziel. Ruh dich aus, du hast es dir verdient!

7 km 4–5 Std.

❹ Neue Reichenberger Hütte

BERGE UND GLETSCHER IN ALLER STILLE

Heute wartet nach einem weiteren beeindruckenden Bergfrühstück die schönste Teilstrecke der Tour: *Der Weg rund um die Rosenspitze ins Umbaltal (Weg 311, Lasörling Höhenweg, 3–3 ½ Std.)*. Schneefelder glänzen als weiße Flecken in tiefen Gräben. Das Gebirge zeigt als Hochplateau sanfte Formen, im leicht sumpfigen Gras weiden Schafe, während in senkrechten Felswänden Gämsen der Schwerkraft trotzen. Mit etwas Glück siehst du auch Steinböcke.

TAG 3

11 km 3–3½ Std.

TOSENDES WASSERSCHAUSPIEL

Im ❺ **Umbaltal** weitet sich der Weg *(Nr. 911)*, der bald darauf als sensationell schöner **Wasserschaupfad** an den mächtigen Stufen der Umbalfälle des Flusses Isel weiter talabwärts führt. Kehr auf eine Stärkung in der ❻ **Islitzer Alm** ein. Danach ist es nicht mehr weit bis zum Ausgangspunkt *(2 ½–3 Std. ab Umbaltal): weiter bis kurz vor Ströden, wo der Weg Nr. 67 abzweigt und am rechten Iselufer nach* ❶ **Hinterbichl/Prägraten** *zurückführt.*

❺ Umbaltal

3 km 1 Std.

❻ Islitzer Alm

4 km 1½ Std.

❶ Hinterbichl/Prägraten

GUT ZU WISSEN

DIE BASICS FÜR DEINEN URLAUB

ANKOMMEN

ANREISE

Tirol, Salzburg und Kärnten erreicht man am besten über die Autobahn von München nach Salzburg (A8) bzw. Kufstein (A93). Nach Vorarlberg empfiehlt sich die Route von Ulm über Memmingen (A7) nach Lindau (A96). Die Hauptverkehrsader von Innsbruck nach Wien ist die Inntal- bzw. Westautobahn (A1). Die Südautobahn (A2) führt von Wien über Graz nach Klagenfurt und Villach. Villach ist auch über die Tauernautobahn (A10) ab Salzburg erreichbar.

Autobahnen sind in Österreich mautpflichtig. Vignetten kannst du in Tabakläden, auf Postämtern, in grenznahen deutschen Tankstellen und im Internet kaufen *(10 Tage für Pkw 9,90 Euro | asfinag.at)*. Die digitale Vignette gilt erst nach einer Frist von 18 Tagen nach Kauf, wird sie bei einem Vertriebspartner erworben (z. B. ADAC), ist sie sofort gültig. Für Motorräder gilt ein reduzierter Betrag. Mautpflicht besteht auch auf vielen Berg- und Panoramastraßen.

Fernbusverbindungen (direkt oder mit Umsteigen) bestehen zwischen verschiedenen deutschen bzw. Schweizer und österreichischen Destinationen *(flixbus.de)*.

GRÜN & FAIR REISEN

Du willst beim Reisen deine CO_2-Bilanz im Hinterkopf behalten? Dann kannst du deine Emissionen kompensieren *(atmosfair.de; myclimate.org)*, deine Route umweltgerecht planen *(routerank.com)* oder auf Natur und Kultur *(gate-tourismus.de)* achten. Mehr über ökologischen Tourismus erfährst du hier: *oete.de* (europaweit); *germanwatch.org* (weltweit).

Der Weg ist das Ziel auf der Großglockner-Hochalpenstraße

Per Bahn gibt es häufige Direktverbindungen nach Wien von München (4 Std.) und Frankfurt (6½ Std.). Nachtzüge fahren von Berlin und Zürich nach Wien und Graz sowie von Düsseldorf/Köln/Bonn nach Salzburg/Linz/Wien und Innsbruck. Das Auto kann auf den Verbindungen Hamburg–Innsbruck und Zürich–Graz mitreisen. Fahrplanauskunft DB: *Tel. 0180 6 99 66 33 (*)* | *bahn.de;* Zugauskunft in Österreich: *Tel. 05 17 17* | *oebb.at*

Tägliche Flüge nach Österreich (auch Billigflieger) gibt es von Berlin, Düsseldorf, Frankfurt/M., Hamburg, Hannover, Leipzig, München, Nürnberg, Köln/Bonn und Stuttgart, von Basel, Bern, Genf, St. Gallen/Altenrhein und Zürich. Neben Wien werden die Flughäfen Graz, Innsbruck, Linz, Klagenfurt und Salzburg angeflogen. Die Flugzeit von Frankfurt/M. nach Wien beträgt 80 Min. Zwischen Flughafen Wien-Schwechat und Bahnhof Wien-Mitte (U 3) verkehrt der *City Airport Train* im Halbstundentakt. Die Fahrzeit beträgt 16 Min. *(12 Euro).*

EINREISE

Für Reisen nach Österreich brauchen EU-Bürger (ebenso wie Schweizer) einen Reisepass oder gültigen Personalausweis, das gilt auch für Kinder. Im Normalfall entfallen die Grenzkontrollen, wenn du direkt aus einem Schengenland kommst.

ZOLL

Innerhalb der EU dürfen Waren zum persönlichen Gebrauch frei ein- und ausgeführt werden. Richtwerte: u.a. 800 Zigaretten, 200 Zigarren, 10 l Spirituosen und 110 l Bier. Für die Schweiz gelten geringere Freimengen, z.B. 250 Zigaretten, 5 l alkoholische Getränke (bis zu 18 Vol.-%). Weitere Infos: *zoll.de* (Deutschland), *bazg.admin.ch* (Schweiz)

WEITER-KOMMEN

AUTO

Tempolimit: auf Autobahnen 130, auf Bundesstraßen 100, innerorts 50 km/h, Promillegrenze: 0,5. Es besteht Tragepflicht von Sicherheitswesten, sobald das Auto auf Autobahnen und Landstraßen verlassen wird. Vom 1. Nov. bis 15. April sind bei winterlichen Straßenverhältnissen Winterreifen Pflicht. Achtung: Viele Bergstraßen sind mit Wohnwagen nicht befahrbar.
Lass in den Großstädten das Auto besser beim Hotel, Parkplätze sind rar und teuer. Erkundige dich in kleineren Städten nach dem Parksystem, meist ist nur Kurzparken erlaubt (Parkautomat, Parkscheine aus dem Tabakladen, per Handy-App oder gratis mit Parkscheibe).
ÖAMTC-Pannenhilfe: *Tel. 120*
ARBÖ-Pannenhilfe: *Tel. 123*

ÖFFENTLICHE VERKEHRSMITTEL

Infos zum Streckennetz und zu Fahrplänen bekommst du bei den ÖBB und bei den Postbussen *(Tel. 05 17 17 | oebb.at | postbus.at)* sowie für die Bahnstrecke Wien–Salzburg–Innsbruck auch bei der Westbahn *(westbahn.at)*. Daneben verkehren verschiedene Lokalbahnen.

IM URLAUB

INTERNETZUGANG & WLAN

In vielen Cafés und modernen Lokalen gehört es, ebenso wie in der Hotellerie, zum guten Ton, WLAN-Zugang kostenlos anzubieten; in den Städten sowieso, aber vermehrt auch auf dem Land. An vielen Autobahnraststätten, am Flughafen Wien sowie in den ÖBB-Railjet-Zügen (schwankender Empfang) wird dieser Service ebenfalls gratis angeboten, wie auch in Bergbahnen, Thermalbädern oder Einkaufszentren.

FEIERTAGE

1. Jan.	Neujahr
6. Jan.	Hl. Drei Könige
März/April	Ostermontag
1. Mai	Tag der Arbeit
Mai/Juni	Christi Himmelfahrt, Pfingstmontag, Fronleichnam
15. Aug.	Mariä Himmelfahrt
26. Okt.	Nationalfeiertag
1. Nov.	Allerheiligen
8. Dez.	Mariä Empfängnis
25./26. Dez.	Weihnachten

ÖFFNUNGSZEITEN

Supermärkte sowie die Geschäfte in den Einkaufszentren sind in der Regel Mo bis Sa von 8 bis 19 Uhr, längstens bis 20 Uhr geöffnet. In den Stadtzentren schließen die Läden meist bereits um 18 Uhr und samstags um 12 Uhr. An Sonn- und Feiertagen bleiben alle Geschäfte zu, es gibt wenige Ausnahmen (z. B. Geschäfte an Flug- und Bahnhöfen, Souvenirshops an Touristenhotspots).

TELEFON & HANDY

Vorwahl nach Österreich: *0043*; nach Deutschland: *0049*; in die Schweiz: *0041*. Bei Anrufen aus dem Ausland entfällt die Null der Vorwahl. Das

FESTE & EVENTS

RUND UMS JAHR

JANUAR

Hahnenkammrennen (Kitzbühel) *hahnenkamm.com*, s. S. 56

MAI/JUNI

Narzissenfest (Bad Aussee), s. S. 110 (Foto)

Wiener Festwochen, s. S. 97

Seeprozession (Hallstatt): barocker Fronleichnamsumzug

Gauderfest (Zell am Ziller): Tirols größtes Frühlingsfest

Sonnwendfeuer (Tirol, Salzkammergut, Linz, Wachau)

JUNI/JULI

Jazzfest Wien, s. S. 98

Donauinselfest (Wien), s. S. 98

Styriarte (Graz), s. S. 114

JULI/AUGUST

Frequency (St. Pölten): Österreichs Woodstock, *frequency.at*

Wellenklänge (Lunz am See): Weltmusik auf der Seebühne, *wellenklaenge.at*

Webermarkt (Haslach an der Mühl)

Bodypainting Festival (Klagenfurt), s. S. 119

Starnacht am Wörthersee (Klagenfurt), s. S. 119

Seefestspiele Mörbisch, s. S. 100

Goiserer Gamsjagatage (Bad Goisern): Brauchtum mit Humor genommen

Impulstanz (Wien), s. S. 98

La Strada (Graz), s. S. 114

Salzburger Festspiele, s. S. 72

Bregenzer Festspiele, s. S. 46

Kaisergeburtstag (Bad Ischl), s. S. 75

Jazzfestival Saalfelden; *jazzsaalfelden.com*

SEPTEMBER/OKTOBER

Ars Electronica (Linz) und **Linzer Klangwolke**, s. S. 78

Steirischer Herbst (Graz), s. S. 114

Schubertiade (Schwarzenberg, Hohenems), *schubertiade.at*

Bauernherbst (Salzburger Land); *bauernherbst.at*

Weinherbst (Niederösterreich); *niederoesterreich.at/weinherbst*

Handynetz in Österreich ist flächendeckend, mit Ausnahme der Berge.
Anrufe, SMS und Datennutzung kosten EU-weit nicht mehr als zu Hause. Achtung allerdings beim Datenvolumen: Abhängig von deinem Vertrag kann es dir dein Anbieter fürs Ausland begrenzen, verbrauchst du mehr, wird es teurer. Erkundige dich am besten direkt bei deinem Mobilfunkanbieter. Das solltest du als Schweizer übrigens auch tun, denn für dich gelten keine EU-weiten Standardregelungen.

WAS KOSTET WIE VIEL?

Kaffee	ab 4,20 Euro *für eine Melange*
Lunch	ab 8,90 Euro *für ein Mittagsmenü*
Eintritt	ab 12 Euro *für eine größere Sehenswürdigkeit*
Zugticket	37,80 Euro *z. B. für Wien–Linz*
Seilbahn	ab 12 Euro *für eine Bergfahrt*
Wein	ab 10 Euro *für eine Flasche Qualitätswein direkt beim Winzer*

UNTERKUNFT

Der Großteil des Angebots entfällt auf familiäre Drei- und Vier-Sterne-Hotels sowie Gasthöfe, die in den beliebten Ferienregionen vor allem Tirols oft gewaltige Ausmaße annehmen. Internationale Hotelketten gibt es, außer in den Städten, nur wenige. Landesweit eröffnen immer mehr trendige, ökobewusste, aber mitunter auch sehr teure Häuser. Wellnessresorts *(relaxguide.com)* und luxuriöse Schlosshotels *(schlosshotels.co.at)* runden das Angebot nach oben hin ab.

Am unteren Ende der Skala stehen Privatzimmer, Ferienwohnungen und Urlaub auf dem Bauernhof *(urlaubambauernhof.at, bedandbreakfastaustria.at)*. Preislich moderat und teils wirklich schön übernachtest du in den Jugend- und Familiengästehäusern *(jufa.eu)*. Einige Regionen haben besonders stimmungsvolle Unterkünfte zu einem Angebot zusammengefasst, das zudem das Budget erfreulich wenig belastet – z. B. *landlust.at* (Landhäuser in der Oststeiermark), *burgenland.info* (Link zu „Pannonisch Wohnen") oder *niederoesterreich.at/geniesserzimmer*. Rustikale Ferien versprechen Almhütten *(huettenpartner.com, huette-mieten.at)*. Im Winter gibt's sogar Igludörfer *(schneedorf.com, alpeniglu.com, iglu-village.at)* – alle in Tirol.

INSIDER-TIPP
Ungewöhnlich übernachten

Im ganzen Land stehen Campingplätze zur Verfügung *(campingclub.at)*. Wildes Campen ist verboten.

VERGÜNSTIGUNGEN

Viele Regionen bieten Touristen-Cards an, die bei geschickter Nutzung eine spürbare Ersparnis bringen. Da sind zum einen Angebote, für die du zahlen musst: die Städte-Cards (Wien, Linz, Salzburg, Innsbruck), die gleichzeitig als Netzkarte für die öffentlichen Verkehrsmittel gelten, sowie Karten für die einzelnen Bundesländer (Niederösterreich, Kärnten, Salzburg, Steiermark, Burgenland, Vorarlberg). Zum anderen gibt es die Regionen-Cards (z. B. Neusiedler See, Schladming-Dachstein, Thermenland Süd- und Oststeiermark, Mostviertel, Wörthersee, Millstätter See, Zell am See/Kaprun), die du gratis erhältst, wenn du in einem Partnerbetrieb übernachtest. Ob Gratis- oder Zahlcard, Eintritte zu den wichtigsten Attraktionen sowie gegebenenfalls Seilbahnfahrten sind in der Regel mit Card kostenlos.

NOTFÄLLE

DIPLOMATISCHE VERTRETUNGEN

- *Botschaft der Bundesrepublik Deutschland (Gauermanngasse 2–4 | 1010 Wien | Tel. 01 71 15 40, auch Notruf)*
- *Schweizerische Botschaft (Prinz-Eugen-Str. 9a | 1030 Wien | Tel. 01 7 95 05)*

GESUNDHEIT

Die Europäische Krankenversicherungskarte (auf der Rückseite deiner elektronischen Gesundheitskarte) wird von Ärzten und Krankenhäusern mit Kassenverträgen akzeptiert – diese findest du in Österreich flächendeckend.

NOTRUF

Feuerwehr: *Tel. 122*
Polizei: *Tel. 133*
Rettungsdienst: *Tel. 144*
Alpinnotruf (Bergrettung): *Tel. 140*, in Vorarlberg *Tel. 144*
Euro-Notruf: *Tel. 112* (Durchstellung in die nächste Polizeidienststelle)

WETTER IN WIEN

Hauptsaison: Juni–Sept. | Nebensaison: Jan.–Mai, Okt.–Dez.

	JAN.	FEB.	MÄRZ	APRIL	MAI	JUNI	JULI	AUG.	SEPT.	OKT.	NOV.	DEZ.
Tagestemperaturen	1°	3°	8°	14°	19°	22°	25°	24°	20°	14°	7°	3°
Nachttemperaturen	-4°	-2°	1°	6°	10°	13°	15°	15°	11°	7°	3°	-1°
Sonnenschein Stunden/Tag	2	3	4	6	7	8	8	8	7	5	2	1
Niederschlag Tage/Monat	8	7	8	8	9	9	9	9	7	8	8	8

URLAUBS FEELING

ZUM EINSTIMMEN & AUSKLINGEN

LESESTOFF & FILMFUTTER

KOMM, SÜSSER TOD

Der Grazer Ex-Polizist und Ex-Privatdetektiv Simon Brenner verdingt sich als Rettungsfahrer. Schon bald ist er in den Kampf zweier Rettungsorganisationen um Kundschaft verstrickt. Den Krimi (1998) aus der Brenner-Reihe von Wolf Haas gibt's auch als Film (2001) mit dem Kabarettisten Josef Hader

EISMAYER

Vizeleutnant Eismayer ist ein gefürchteter Ausbilder beim österreichischen Bundesheer – und im Geheimen schwul. Spielfilm von Regisseur David Wagner (2022) nach wahren Begebenheiten

BLASMUSIKPOP

Allerlei skurrile, urige und melancholische Gestalten bevölkern das abgeschiedene Bergdorf St. Peter am Anger. Leicht und luftig entführt Autorin Vea Kaiser in ihrem Roman (2004) in eine phantastische Welt

MUTTERTAG

Alt, aber Kult (1993, Regie Harald Sicheritz): Satirefilm, der die Kleinbürgerlichkeit mit schwarzem Humor aufs Korn nimmt. Die Besetzungliste liest sich wie ein Who's who österreichischer Kabarettgrößen von heute, die damals noch recht jung waren

PLAYLIST KULTPOP

II WOLFGANG AMBROS – SCHIFOAN
Das Liebeslied ans Skifahren des Austro-Poppers ist die heimliche Nationalhymne

▶ FALCO – ROCK ME AMADEUS
Song über den Superstar Mozart, der den exzentrischen Falco selbst zum Superstar machte

▶ JOSH – CORDULA GRÜN
Der Ohrwurm über eine kurze Sommerliebe schaffte es zum Hit auf diversen Wiesn-Festen

▶ HUBERT VON GOISERN UND DIE ALPINKATZEN – KOA HIATAMADL
Hubert von Goisern (Markenzeichen: Akkordeon) interpretiert traditionelle Volksmusik neu

▶ CONCHITA WURST – RISE LIKE A PHOENIX
Das Siegerlied des ESC 2014 handelt davon, immer wieder aufzustehen, auch wenn es schwierig ist

Den Soundtrack zum Urlaub gibt's auf **Spotify** unter **MARCO POLO** Austria

Oder Code mit Spotify-App scannen

AB INS NETZ

DIETAGESPRESSE.COM
Österreichisches Satiremagazin, das sich der aktuellen Themen, die das Land bewegen, großartig subtil annimmt

HANDYPARKEN.AT
Keine Parkautomaten-Suche, kein umständliches Besorgen von Parkscheinen: Per Handy kannst du deine Parkgebühren für Wien und mehr als 30 weitere Städte bequem mobil bezahlen

BERGFEX
Großes Portal für Outdoorsportler, das Infos für Sommer und Winter bereithält. Mit vielen Touren, Webcams aus den Regionen, Infos zu Badeseen, Unterkünften, Skigebieten. Auch als Touren-App mit GPS-Tracking

COOLES WIEN
Wenn im Sommer das Straßenpflaster glüht, findest du mit dieser App abkühlende Ziele in nächster Nähe, vom Trinkbrunnen bis zur Sprühnebeldusche

PEAKFINDER
Heiteres Gipfelraten ade! Die App sagt dir ruckzuck, welche Berge sich da gerade vor dir als Panorama auftun

TRAVEL PURSUIT

DAS MARCO POLO URLAUBSQUIZ

Weißt du, wie Österreich tickt? Teste hier dein Wissen über die kleinen Geheimnisse und Eigenheiten von Land und Leuten. Die Lösungen findest du in der Fußzeile. Und ganz ausführlich auf den S. 20–25.

❶ Was haben Hühnergeschrei und Edelschrott gemeinsam?

a) Es sind die Namen aktueller österreichischer Bands.
b) Beides ist Österreichisch für großes Ärgernis.
c) Es handelt sich um reale Ortsnamen in Österreich.

❷ Silvester, Punkt Mitternacht: Welche Klänge liegen über dem Land?

a) Donauwalzer
b) Bundeshymne
c) „Happy New Year" von Abba

❸ Warum holpert die Bundeshymne an einer Stelle?

a) Weil die Melodie geremixt wurde und dabei zwei Takte verloren gingen.
b) Weil eine Textzeile gegendert wurde.
c) Weil nach einem Gerichtsstreit eine Zeile entfernt werden musste.

❹ Welche Stadt wurde zur lebenswertesten der Welt gekürt?

a) Wien
b) Salzburg
c) Innsbruck

❺ Was ist ein Sackerl?

a) ein beliebtes Kinderspiel
b) eine Einkaufstüte
c) ein Erdbeerbonbon

Lösungen: 1c, 2a, 3b, 4a, 5b

Bild: Hofburg in Wien

REGISTER

LOB ODER KRITIK? WIR FREUEN UNS AUF DEINE NACHRICHT!

Trotz gründlicher Recherche schleichen sich manchmal Fehler ein. Wir hoffen, du hast Verständnis, dass der Verlag dafür keine Haftung übernehmen kann.

MARCO POLO Redaktion • MAIRDUMONT • Postfach 31 51
73751 Ostfildern • info@marcopolo.de

Impressum
Titelbild: Oberlech (Schapowalow: J. Cliffe)
Fotos: DuMont Bildarchiv: T. Anzenberger (14/15, 26/27), Anzenberger-Fink (11), U. Bernhart (49), Wrba (16/17, 99); A. Ericson (143); Getty Images/istockphoto: azoth22 (84), coldsnowstorm (33), fotofritz16 (135), Mariah-kitchen (32/33), F. Vallenari (44); huber-images: Gräfenhain (111, 112, 132/133), H.-P. Huber (74), Mallaun (36), H.-P. Merten (140), R. Mierau (8/9), R. Schmid (13, 28/29), A. Serrano (77), J. Wlodarczyk (60/61); laif: K. Hoffmann (24/25), C. Stukhard (97); Look: H. Erber (53), R. Mierau (89, 117), I. Pompe (54), A.F. Selbach (138/139); mauritius images: U. Siebig (118/119), W. Weinhäupl (108), G. Wild (101); mauritius images/Alamy: M. Pedrotti (12); mauritius images/Hemis.fr/R. Mattes: R. Mattes (6); mauritius images/Imagebroker: J. Friederich (59), M. Siepmann (70, 72, 102), Ch. Vorhofer (57); mauritius images/United Archives (67, 87); mauritius images/Westend 61 (69, W. Dieterich (22 (Architekt: Zaha Hadid)), M. Siepmann (123); picture alliance/chromorange: E. Weingartner (90, 124/125); picture alliance/dpa (79); shutterstock: K. Allgaeuer (29), BLESKY (10), Fotoles (128), Gorlov_KV (21), A. Jedynak (34/35), Jimmy R. (2/3), juerginho (115), K3S (Klappe vorne außen, Klappe vorne innen), Lestertair (Klappe hinten), T. Marek (80/81), Meunierd (51 (Architekt: Zaha Hadid)), nikolpetr (64), S. Novikov (120), Przemek Iciak (104/105), RossHelen (94), Toatzy (40/41), Umomos (46)

16., aktualisierte Auflage 2024

Autoren: Anita Ericson, Siegfried Hetz
Redaktion: Franziska Kahl
Bildredaktion: Barbara Mehrl
Kartografie: © KOMPASS-Karten GmbH, Karl-Kapferer-Straße 5, A-6020 Innsbruck unter Verwendung von Kartendaten: © MairDumont, D-73751 Ostfildern (S. 38–39, 126, 129, 131, Umschlag außen, Faltkarte); © KOMPASS-Karten GmbH, kompass.de unter Verwendung von © OpenStreetMap Contributors, osm.org/copyright (S. 42–43, 62–63, 82–83, 93, 106–107)
Als touristischer Verlag stellen wir bei den Karten nur den De-facto-Stand dar. Dieser kann von der völkerrechtlichen Lage abweichen und ist völlig wertungsfrei.
Gestaltung Cover, Umschlag und Faltkartencover: bilekjaeger_Kreativagentur mit Zukunftswerkstatt, Stuttgart; Gestaltung Innenlayout: Langenstein Communication GmbH, Ludwigsburg
Texte hintere Umschlagklappe: Lucia Rojas
Konzept Coverlines: Jutta Metzler, bessere-texte.de

Printed in China

MARCO POLO AUTORIN
ANITA ERICSON
Im flacheren Osten des Landes zu Hause, ist sie ist aus Erfahrung klüger geworden und rät: „Trau niemals einem einheimischen Bergsteiger, Biker oder Hüttenwirt, wenn er meint, die Route wäre nicht weiter schwierig, anstrengend oder unwegsam. Gebirgler haben da offensichtlich ganz eigene Definitionen dieser Begriffe."

BLOSS NICHT!

FETTNÄPFCHEN UND REINFÄLLE VERMEIDEN

EINE SCHORLE BESTELLEN

In Österreich heißt das „gespritzt“. Die Apfelschorle ist also ein „Apfelsaft gespritzt“, die Weinschorle einfach nur ein „G'spritzter“ oder „Spritzer“. Den gibt es in der Variante Rot oder Weiß, sagt man nichts dazu, ist Weiß gemeint.

KNALLHART DIREKT SEIN

Wenn dir etwas missfällt, dann verpack die Kritik hübsch in höfliche Worte. Man fühlt sich hierzulande sonst schnell vor den Kopf gestoßen.

LEICHTSINNIG INS GEBIRGE AUFBRECHEN

Das Wetter in den Bergen kann binnen Minuten umschlagen und dich in brenzlige Situationen bringen, etwa bei Gewitter oder Nebel. Regenschutz, warme Kleidung und eine gute Karte sind ein Muss auf einer Wandertour, zu der du nur aufbrechen solltest, wenn die Wetterprognose entsprechend ist – frag bei der örtlichen Tourismusinfo, einen Bergführer, deinen Gastgeber oder Hüttenwirt.

OHNE VIGNETTE AUF DIE AUTOBAHN

Die Benutzung der österreichischen Autobahnen ist kostenpflichtig. Die Nichteinhaltung der Vignettenpflicht hat empfindliche Bußgelder zur Folge – es wird streng kontrolliert, auch elektronisch. Besorg dir rechtzeitig eine Vignette (oder Pickerl, wie sie umgangssprachlich heißt), s. S. 132.

SONNTAGABEND HUNGER SCHIEBEN

In ländlichen Gegenden schließt ein Großteil der Gasthäuser am Sonntagnachmittag. Nachdem dann auch sämtliche Geschäfte zu sind, bleibt als letzter Ausweg unter Umständen nur noch der Einkauf im teuren Tankstellenshop. Wer keine Halbpension gebucht hat, sorgt besser rechtzeitig vor.